TE · NOVA ·
C V M ·
R E ·
Chersonesus
Mons altissimus
Omalus
Pergamea
Pidiata
Dicteus mons
Cares
Cosos
Elotos
Colos
Gortina
Harenosa

KRETA

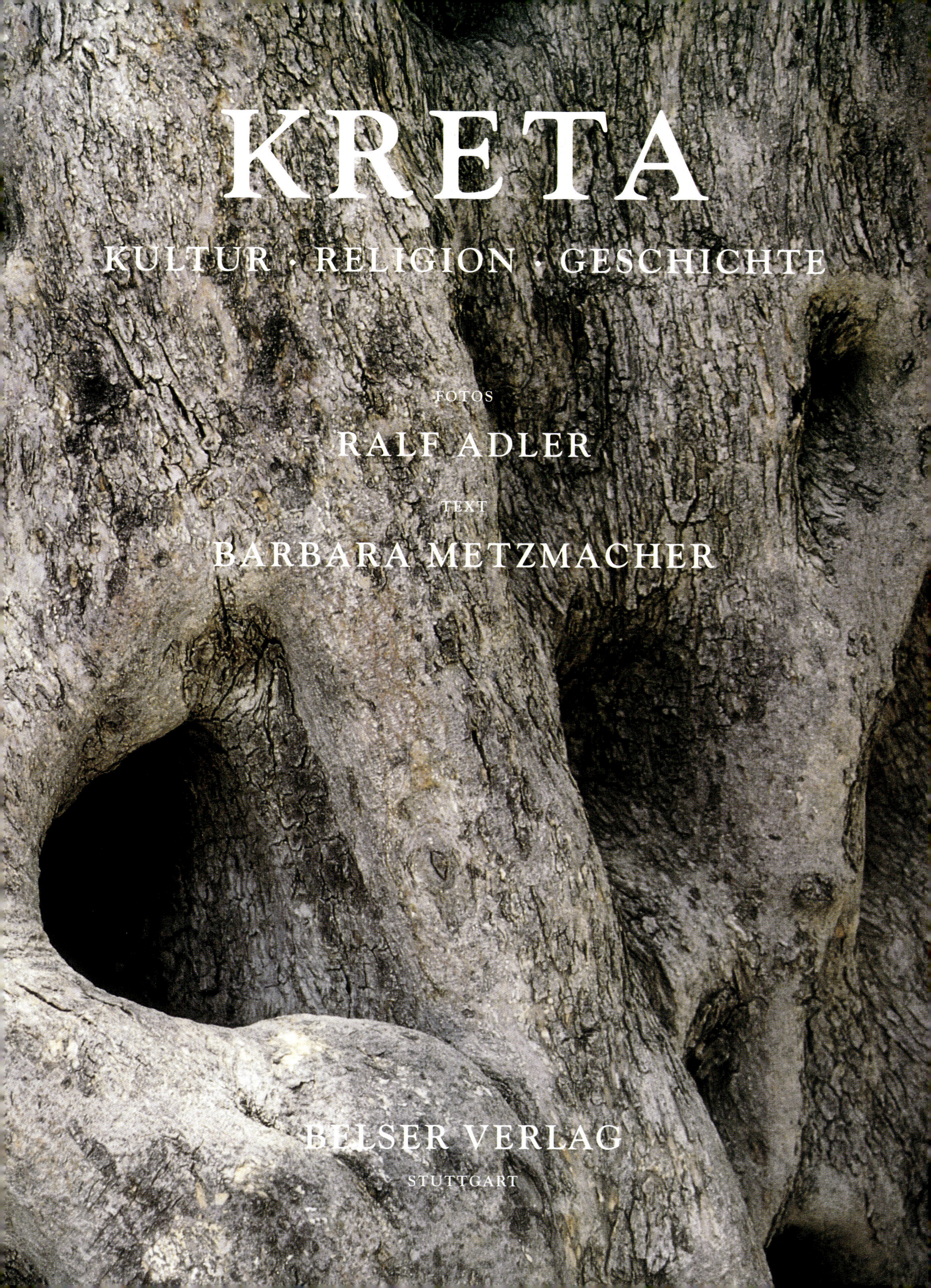

KRETA

KULTUR · RELIGION · GESCHICHTE

FOTOS

RALF ADLER

TEXT

BARBARA METZMACHER

BELSER VERLAG

STUTTGART

Vorderes Vorsatzblatt: *aus der Cosmographia des Claudius Ptolemaeus, entstanden 1472; Biblioteca Apostolica Vaticana, Rom; erschienen in den Belser Faksimile Editionen, Editionsnummer LIII.*

Seite 1: *Schlangenpriesterin aus Knossos, 1600 v. Chr.*

Seite 2: *Rhythonträger-Fresko aus dem Palast von Knossos, 1500 v. Chr.*

Hinteres Vorsatzblatt: *Michael Müller Verlag, Erlangen*

Die Deutsche Bibliothek – CIP-Einheitsaufnahme
Kreta: Kultur – Religion – Geschichte /
Fotos: Ralf Adler. Text: Barbara Metzmacher. –
Stuttgart: Belser, 1999
ISBN 3-7630-2250-3

Grafische Gestaltung und Satz:
Buchherstellung Dotzauer, Stuttgart
Reproduktionen: Eurolitho, Tarzo
Redaktionelle und inhaltliche Betreuung,
Zeittafel und Register: Erwin Tivig
Druck: EBS, Verona
Printed in Italy 1999

ISBN 3-7630-2250-3

INHALT

Ausblick von der dorischen Festung Polyrrhinia auf den Golf von Kastelli.

VORWORT

Kreta – Erwartungen an eine unbekannte Insel: Weiße Häuser, tiefblauer Himmel, strahlende Sonne, gleißendes Meer, Wein auf der Tavernenterrasse ... und dann kommt alles ganz anders, ganz unerwartet: Statt bei einem sonnigen Frühstück am Hafen, umweht von einer lauen Meeresbrise, sitzen wir bei fünf Grad Celsius in einem der wenigen geöffneten Cafés, während zehn Meter hohe Wellen an Chanias prächtiger venezianischer Hafenmauer zerbersten. Die Launenhaftigkeit des Wetters in jenem März, der Zauber des kretischen Lichts, der reizvolle Wechsel der Landschaften, die Freundlichkeit der Menschen angesichts der Unbilden der Naturgewalten, das Erlebnis, sich auf einer von 5000 Jahren wechselvoller Geschichte geprägten Erde zu bewegen – dies alles weckte in uns ein tiefes Gefühl der Zuneigung für diese Insel.

Wen Kreta beim erstenmal in seinen Bann gezogen hat, den läßt es niemals wieder los. Kreta gibt sich nicht leichtfertig her, das weiß auch der Fotograf, der sich nach 17 Jahren noch nicht sattgesehen hat, der stetig auf der Suche ist: nach dem richtigen Licht, dem richtigen Moment, um den Zauber dieser Insel mit der Kamera einzufangen.

Vielfalt und Widersprüchlichkeit, das ist es, was den Reiz der kretischen Landschaften ausmacht: „Kreta ist in Wahrheit ein Kontinent für sich und sollte es für den Touristen auch sein", mahnt der Autor Johannes Gaitinides (*Inselmeer der Griechen*) und bestätigt damit den Eindruck, den die Insel mit ihren weißen Stränden, schneebedeckten Bergen, schroffen Steilküsten, lieblichen Blumenwiesen, sanften Ebenen und tiefen Schluchten auf ihre Besucher macht.

Wer könnte Kretas Anblick besser beschreiben als der berühmte kretische Schriftsteller Nikos Kazantzakis (*Alexis Sorbas*): „Die Sonne war jetzt aufgegangen, der Nebel zerstreut, ganz Kreta von einem Ende bis zum anderen strahlte in seiner Nacktheit weiß, grün, rosig, inmitten von vier Meeren. Ein Schiff mit drei Masten war Kreta, mit seinen drei großen Berggipfeln, den Weißen Bergen, dem Psiloritis und dem Diktis, und es fuhr dahin vom Meeresschaum umspült ... Mir sind mehrere Freuden im Leben geschenkt worden, ich darf mich nicht beklagen, doch diese hier, Kreta auf den Wellen zu sehen, gehört zu den größten."

Anliegen des Fotografen und der Autorin dieses Bildbandes ist es nicht nur, Kretas Landschaften in ihrer Schönheit zu zeigen, sondern vor allem auch die bewegte Geschichte der Insel darzustellen und die besondere Kultur ihrer Bewohner im Wandel der Jahrtausende zu beleuchten.

Kreta wurde durch viele Völker geprägt. Unzählige Eroberer betraten die Insel im Verlauf der Geschichte. Daß Kreta als Wiege Europas und Geburtsort des Zeus berühmt wurde, ist hauptsächlich der minoischen Kultur zu verdanken. Vor 4000 Jahren, als die Nordeuropäer noch in einfachen Behausungen wohnten, herrschten auf Kreta die Minoer von ihren freskengeschmückten Palästen aus bereits in einer Pracht, die – obgleich durch den Schleier der Zeit verhüllt – in den Ausgrabungen der Archäologen offenbar wird.

Dieser friedvollen Vergangenheit sollten viele kämpferische Epochen folgen: Den Wellen des Meeres gleich erreichten immer neue Völker Kretas Küsten. Willkür und Unterdrückung der Eroberer beantworteten die Einheimischen jedoch zu allen Zeiten mit stürmischen Widerstand.

Die kriegerischen Dorer besetzten die Insel und errichteten ihre mächtigen Trutzburgen, die Römer folgten ihnen und ließen Tempel, Thermen und Theater zurück. Unter den Byzantinern konnte sich das Christentum trotz eines sarazenisch-muslimischen Zwischenspiels neu entfalten. Die Wurzeln des griechisch-orthodoxen Glaubens auf Kreta reichen bis in diese Zeit zurück und bilden das Fundament für die tragende Rolle der Kirche im Alltagsleben der Kreter.

Im Zuge der Eroberung Konstantinopels durch die Kreuzritter im Jahr 1204 gelangte auch Kreta unter die Herrschaft der Venezianer. Zeugnisse ihrer Kultur verschönern noch heute die größten Städte der Insel. Reste der gewaltigen Festungen zeigen, welch immense Bedeutung die Insel für Venedig als Stützpunkt im Mittelmeer hatte. Unter den Venezianern erlebte die Kunst zwar eine Renaissance, für die Landbevölkerung bedeutete diese Besatzungszeit jedoch nur eine weitere Phase der Unterdrückung. Aber es sollte noch schlimmer kommen: Im 17. Jahrhundert besiegten die Türken in zahlreichen blutigen Schlachten die Venezianer. Für die traditionell christlichen Kreter bedeutete dies die erzwungene Islamisierung durch die osmanischen Herrscher; wie nie zuvor wehrten sich die kretischen Partisanen gegen die massive religiöse Unterjochung. Fast ununterbrochen erschütterten Aufstände bis zum Ende des 19. Jahrhunderts die Insel. Die tragischen Begebenheiten um das Kloster Arkadi bildeten den Höhepunkt des Widerstands und sorgten für weltweites Aufsehen. Wie ein roter Faden zog sich die freiheitsliebende und kämpferische Lebenseinstellung der Kreter auch durch das 20. Jahrhundert: Hart erstritten wurde der Anschluß an Griechenland, schwer wogen die Verluste gegen die deutschen Besatzer im 2. Weltkrieg. Der unbändige Freiheitswille ist bis heute eine der charakteristischen Eigenheiten, die sich im Wesen der Kreter erhalten haben.

Wiederum ist es Kazantzakis, dem es gelingt, diesen Wesenszug seiner Landsleute anschaulich in Worte zu fassen. In *Freiheit oder Tod* läßt er seinen Helden Kapitän Michalis, der sich in ausweglosem Kampf den Türken entgegenstellt, eine letzte Rede halten: „Wir sind sechs. Das reicht. Das ist mehr als genug. Das Gehirn sagt: Wir wollen auch fortgehen. Aber das Herz, Gott möge ihm helfen, erlaubt es nicht. Wir gehen nicht fort. Hier sterben wir als Opfer für Kreta. Laßt jene reden. Wir, die sterben, tun besser als sie, die leben werden. Denn Kreta braucht keine Hauswirte, es braucht Narren wie uns. Diese Narren machen Kreta unsterblich."

„Kreta ist etwas anderes … Kreta ist eine Wiege, ein Instrument, ein vibrierendes Reagenzglas, in welchem ein vulkanisches Experiment durchgeführt wurde. Kreta vermag den Geist zum Schweigen zu bringen, den Aufruhr der Gedanken zu stillen.“

(Henry Miller, Der Koloss von Maroussi)

KRETA – LANDSCHAFT UND MYTHOS

Man sagt, Kreta sei eine ganze Welt – wer die Insel nicht besucht hat, kann nicht mit Sicherheit behaupten, daß es einen schöneren Ort gebe“, schwärmte der Autor Anestis Makridakis. Auch heute noch nennen die Kreter ihre Insel voll Stolz „Megalonissos“, „die Größte“, und das nicht nur, weil sie bei einer Länge von 260 km und einer Breite von 12 bis etwa 60 km mit ihren 8336 qkm Fläche die größte griechische Insel ist.

Wer sich der kretischen Küste mit dem Schiff nähert, sieht zuerst die über 2000 m hohen, bis ins Frühjahr hinein schneebedeckten Gebirgsketten aus dem Meer aufragen: die Weißen Berge, Lefka Ori genannt, im Westen, das Ida-Gebirge im Zentrum mit dem höchsten Gipfel Kretas, dem Psiloritis (2456 m), und das Dikti-Massiv im Osten, welches die Lassithi-Hochebene umgibt.

Es sind vor allem diese hohen, schroffen Berge, welche der Mittelmeerinsel ihren unverwechselbaren Reiz verleihen, denn von Meereshöhe bis zur Gipfelregion wechseln Landschaft und Vegetation ständig ihr Gesicht. Die stark verkarsteten Gebirgsstöcke gehen im Norden in sanftes Hügelland über, während sie im Süden steil zum Libyschen Meer hin abfallen. Nicht selten erinnern die Gebiete jenseits 1000 m an Mondlandschaften. Gewaltige, mehrere hundert Meter tiefe Einschnitte durchziehen die Steinwildnis bis zum Meer. Die Unzugänglichkeit dieser Schluchten schuf ideale Rückzugsgebiete für einheimische Pflanzenarten; gleichzeitig bot sie in den Wirren der kretischen Geschichte auch Flüchtlingen und Freiheitskämpfern Schutz vor Entdeckung und Verfolgung.

Tropfsteinhöhlen, die durch Jahrtausende stetiger Kalkablagerung geschaffen wurden, formen eine zweite geheimnisvolle Welt unter der nach Thymian und Oregano duftenden Oberfläche. Macchia, Dorngebüsch und magere Viehweiden prägen die Umgebung dieser Höhlen, die selbst zum Schauplatz mancher mythischer Geschehen wurden.

Die Psichro-Höhle ist nach der Mythologie der Geburtsort des Göttervaters Zeus.
Rechte Seite: *Europa auf dem Stier. Apulische rotfigurige Vase, 4. Jh. v. Chr.*

In einer solchen Grotte wurde der Überlieferung zufolge der in der Antike als Vater der Menschen und Götter verehrte Zeus geboren und von der Ziegennymphe Amaltheia und der Biene Melissa mit Milch und Honig großgezogen. Seine Mutter Rhea ließ ihn dort vor seinem Vater, dem Titanen Kronos, verstecken, welcher aus Angst entmachtet zu werden, bereits seine anderen Sprößlinge verschlungen hatte. Laut Prophezeiung sollte ihn eines seiner Kinder als Herrscher stürzen.

Die heutigen Kreter konnten sich lange nicht darauf einigen, welche der beiden Tropfsteinhöhlen der Geburtsort des Göttervaters Zeus sei. Der Streit wurde schließlich durch einen Kompromiß beigelegt: In der Psichro-Höhle (Lassithi-Hochebene) soll Zeus geboren und in der Idäischen Grotte (Ida-Gebirge) aufgewachsen sein.

Von der Mythenwelt inspiriert, suchten Schatzgräber auf der Insel nach den sagenhaften Reichtümern des Zeus. 1866 fand ein Hirte in den leicht zugänglichen Abschnitten der Psichro-Höhle minoische Kultgegenstände, die in den Schlitzen der Stalagmiten verborgen waren. Die türkischen Besatzer verhinderten jedoch eine weitere Erforschung der Höhle. Erst nach Befreiung der Insel 1898 und der Sprengung der Geröllmassen am Höhleneingang konnte der britische Archäologe Hogarth mit den systematischen Ausgrabungen beginnen. Dabei fand er zwischen den Stalaktiten herabhängende minoische Opfergaben, darunter auch ein bronzenes Schwert.

In der Idäischen Grotte dagegen wurden die Archäologen erst ein halbes Jahrhundert später fündig. Im Jahr 1955 entdeckte Paul Faure in einer Seitenkammer diverse Kult-

gegenstände aus der minoischen Epoche, darunter auch zwei Bronzeschilder. Überraschenderweise stimmt der Fund in diesem Fall mit der mythischen Überlieferung überein, der zufolge Rhea den Kureten, bewaffneten kretischen Priestern, befahl, große Bronzeschilder aneinanderzuschlagen, um mit diesem Lärm das Geschrei des kleinen Zeus zu übertönen. Sie befürchtete nämlich, daß er von seinem Vater Kronos entdeckt und verschlungen werden könnte.

Sogar die Sagen der griechischen Götterwelt haben also ihren Ursprung auf Kreta. Obwohl diese Überlieferungen erst um 800 v. Chr. von Völkern des griechischen Festlandes niedergeschrieben wurden – also fast 700 Jahre nach dem Untergang des berühmten Reich des Minos –, blieb Kretas Bedeutung als Geburtsort des Zeus ungeschmälert. In der griechischen Mythologie kehrte Zeus mehrfach auf seine Insel zurück. Der Sage nach entführte er, als Stier getarnt, die phönizische Prinzessin Europa auf seinem Rücken nach Kreta. Dort gebar sie ihm einen Sohn namens Minos, der von Kreta aus das Mittelmeer beherrschte. Minos selbst wurde von seinem Vater Zeus regelmäßig in Regierungsfragen beraten.

Die „Insel der Götter“, wie Kreta in der Antike genannt wurde, wandelte sich im Laufe der Zeit von einem Elysium in eine Landschaft von eher karger und herber Schönheit. Die Ursache dafür ist der sehr frühe Eingriff des Menschen in die Natur. Die jahrhundertelange Rodung der Wälder, die danach einsetzende Erosion und die Überweidung durch Schafe und Ziegen haben das ursprüngliche Antlitz der Insel grundlegend verändert. Die Pracht der Eichen-, Zedern- und Kiefernwälder ist nur an wenigen Stellen noch zu erahnen. Bereits mehrere tausend Jahre v. Chr. begannen die Minoer, Zypressenhaine für Palast- und Hausbauten, für Schiffbau und Energiegewinnung großflächig abzuholzen.

Die Landwirtschaft prägt seit dem 6. Jahrtausend v. Chr. das Erscheinungsbild der Insel. Im Verlauf der frühen Erdgeschichte entstanden durch Erosion Hochtäler, in denen sich fruchtbares Erdreich ablagerte. Seit frühesten Zeiten wurden in diesen Regionen Obst und Gemüse angebaut. Die 45 km^2 große Lassithi-Hochebene demonstriert eindrucksvoll, wie ertragreich das Land selbst in einer solchen Höhe noch sein kann. Annähernd zehntausend Windmühlen förderten einst das Wasser aus unterirdischen Reservoiren, doch wurden sie in neuerer Zeit durch Motorpumpen ersetzt. Seitdem der Fremdenverkehr die Lassithi-Hochebene als Ausflugsziel erschlossen hat, werden viele der alten, weißbespannten Windräder wieder in Betrieb genommen.

Wichtigste Anbauregion Kretas ist aber die Messara-Ebene im Süden. Das etwa 140 km^2 große Gebiet wird von den Höhen des Ida und des Asterousia-Gebirges umschlossen und bietet alle Voraussetzungen für eine blühende Landwirtschaft. Unter den Römern war dieses Gebiet nicht nur die Kornkammer der Insel selbst, Getreideexporte aus Kreta versorgten ebenso andere Provinzen des Römischen Reiches. Heute werden dort neben Tomaten und Gurken sogar so exotische Früchte wie Bananen, Kiwis und Ananas in großflächig angelegten Gewächshäusern angebaut.

Von den mittleren Höhenlagen bis in die Niederungen Kretas prägen Olivenbäume die Landschaft. Das Seefahrervolk der Minoer brachte vor über 4 000 Jahren den wilden Olivenbaum aus Kleinasien nach Kreta und veredelte das Gewächs.

Frühe Aufzeichnungen aus den Lagerräumen minoischer Paläste beweisen, daß es schon damals reiche Olivenernten gab. Aus der kretischen Küche ist das „grüne Gold“ nicht wegzudenken, und so erklärt es sich, weshalb ein Großteil der Ernte noch auf der Insel selbst verbraucht wird. Die außergewöhnliche Qualität des Speiseöls soll mit ein Grund dafür sein, daß die Einwohner Kretas zu den gesündesten Bevölkerungsgruppen Europas zählen.

Ausgrabungsarbeiten an einer frühminoischen Siedlung bei Mirtos in Ostkreta belegen, daß auch der Weinbau auf der Insel auf eine uralte Tradition zurückblickt. Auf dem Gutshof von Vathypetro bei Archanes fand man eine minoische Kelterpresse, und auf mykenischen Tonscherben mit Einritzungen in der Linear-B-Schrift aus der Zeit um 1600–1200 v. Chr. entzifferten die Archäologen ein Zeichen mit der Bedeutung „Wein“. Es gibt keine gesicherten Erkenntnisse darüber, ob bereits die Minoer ihren Wein exportierten.

Oben: *Kretische Terassenlandschaft im Frühling.*

Unten: *Die Omalos-Hochebene (1200 m) ist Ausgangspunkt für die Durchwanderung der Samaria-Schlucht.*

Der Weinhandel setzte auf Kreta in großem Umfang mit der römischen Eroberung der Insel im Jahr 67 v. Chr. ein. Begehrt waren vor allem süße Weinsorten. Viele Jahrhunderte später, zur Zeit der Venezianer, war dagegen der trockene Weißwein sehr gefragt, der im Gegensatz zu den meisten griechischen Weinen nicht geharzt wurde. Die Malvasier-Traube wurde im 15. Jahrhundert nach ganz Europa und bis auf die Kanaren ausgeführt. Einen besonderen Aufschwung erfuhr der Weinbau in der Gegenwart, als nach dem 2. Weltkrieg in der Gegend von Iraklion neue, ausgedehnte Weingärten angelegt wurden. Mittlerweile ist diese Region das größte geschlossene Weinbaugebiet Griechenlands.

Trauben werden aber nicht nur zur Weinherstellung angebaut, aus ihnen gewinnt man auch die Rosinen, und Griechenland – mit Kreta als einem bedeutenden Zentrum – ist heute viertgrößter Rosinenexporteur der Welt.

Trauben aus Kreta finden noch eine weitere Verwendung: Aus ihnen wird der kretische Tresterschnaps Tsikoudhia gewonnen. Früher wurde er überall auf der Insel illegal gebrannt – im Kafenion stand er stets unter der Theke. In der Zwischenzeit wurden die Privatdestillen für den Eigenverbrauch staatlich genehmigt. Mittlerweile kann der Tsikoudhia regulär im Laden erworben werden.

In den küstennahen Ebenen des Nordens begegnet dem Besucher eine idyllische mediterrane Gartenlandschaft. Wein, Orangen- und Zitronenbäume und eine überaus artenreiche Flora prägen hier weiträumig das Bild. Besonders im Frühjahr begeistern die Blumenwiesen mit Margeriten, Mohn und Orchideen.

Kreta ist ein wahres Paradies für Botaniker: Wegen der abgeschiedenen Insellage entwickelten sich auf Kreta viele Pflanzen unabhängig vom Festlandseinfluß, und es bildeten sich über 140 Arten heraus, die endemisch vorkommen, also nirgendwo sonst auf der Welt zu finden sind.

Die von Osten nach Westen verlaufenden Gebirgsmassive teilen Kreta der Länge nach in zwei Bereiche: einerseits in den fruchtbaren, flach zum Meer hin abfallenden Norden und Nordosten, zum anderen in den kargeren und unwegsameren Süden und Südwesten. Dank der sanfteren Küstenbeschaffenheit war die Nordhälfte der Insel seit dem Neolithikum der bevorzugte Siedlungsraum. Hier befanden sich einst die blühenden Zentren der Antike, und hier liegen auch heute noch die größten Städte der Insel: Sitia, Iraklion, Rethymnon und Chania. Der Süden der Insel dagegen ist von der Landseite her nur durch tiefe Schluchten oder über hohe Gebirgspässe erreichbar, und vom Libyschen Meer verwehrt die steil aufragende Felsküste häufig den Zugang zur Insel.

Die Souda-Bucht an der Nordküste ist der größte natürliche Hafen Kretas. Allabendlich starten von hier aus die Fähren nach Athen.

Die Afrika zugewandte Südflanke steht im Windschatten der Kalkgebirge, welche die kühlen Nordwinde abhalten. So kommt es, daß auch das Klima heißer als auf der Nordseite der Insel ist. Zwischen April und Oktober verzeichnet man geradezu subtropische Lufttemperaturen, und bereits ab Mai kann man im Meer baden gehen, denn die Insel liegt auf dem 35. Breitengrad und damit südlicher als das nordafrikanische Tunis. Durch das in den Sommermonaten aufgeheizte Meerwasser sind die kretischen Winter eher mild. Von Oktober bis März erholt sich die ausgetrocknete Vegetation durch häufige und starke Niederschläge, die in den Hochgebirgslagen auch als Schnee niedergehen und hier für winterliche Verhältnisse sorgen. Sogar Skifahren ist auf Kreta in schneereichen Wintern möglich, allerdings nur für richtige Abenteurer. Bergwanderer und Mountainbiker sollten die Witterungsbedingungen nicht unterschätzen, denn vor allem der rasche Wetterumschwung kann gefährlich werden.

Wer die Insel auf ausgedehnten Wanderungen erkundet, trifft auf eine unerwartete Vielfalt von Landschaftsformen: alpin anmutende Almweiden, schneeverhangene Bergdörfer, gefährliche Gebirgsschluchten, liebliche Orangen- und Olivenhaine, ja sogar Palmenstrände mit karibischer Atmosphäre. Diese Vielgestaltigkeit führte auch dazu, daß Kreta in der Antike neben den damals bekannten Erdteilen Afrika, Asien und Europa als eigenständiger vierter Kontinent angesehen wurde. Und so verwundert nicht, daß die Kreter auch heute noch sagen, sie würden nach Europa reisen, wenn sie die Fähre nach Athen besteigen.

Vorhergehende Doppelseite:
Ida-Gebirge mit dem höchsten Gipfel Timios Stavros.
Kretas Gesamtfläche besteht zu 95% aus Bergen. Mit seinen 2456 m bildet der Timios Stavros die gewaltigste Erhebung des Psiloritis- oder Ida-Massivs. Der in der Antike als göttlich verehrte Berg ist drei bis fünf Monate im Jahr mit Schnee bedeckt. Das Ida-Gebirge liegt im Zentrum Kretas und ist Teil eines großen Gebirgsbogens, der sich durch Auffaltungsbewegungen der Erdkruste im Tertiär, also vor über einer halben Million Jahren, bildete und sich vom griechischen Festland über den Peloponnes und die südgriechischen Inseln bis in die Türkei erstreckt.
Der Kern des Gebirges besteht aus Paläozoikum-Kalken, d.h. sehr alten und kristallinen Gesteinsschichten. Durch Auswaschung konnten sich in diesem lockeren Karstgestein zahlreiche Höhlen bilden. Wie Ausgrabungen zeigen, wurde die berühmte Idäische Grotte, in welcher der Sage nach Zeus aufgewachsen sein soll, schon zu Zeiten der Minoer als Kultstätte benutzt.

Mit seinen beiden annähernd gleich hohen Bergspitzen Mavri (1981m) und Nikita (1917 m) erinnert das Profil des Ida-Gebirges vom Süden aus gesehen an ein Doppelhorn. Schon durch diese formale Ähnlichkeit lag die Verbindung mit dem minoischen Stierkult und dem Kult des Mondes nah. Der große Hof des berühmten Palastes von Phaistos (Festos) ist mit seiner Hauptachse an den beiden Berggipfeln ausgerichtet.

Südseite des Ida-Gebirges mit Bergdorf.
Kretas zerklüftete und teils unwegsame Berglandschaft spielte zu allen Zeiten der Besiedlung für die Bewohner eine bedeutende Rolle. Sie diente sowohl als Quelle für Bodenschätze als auch als Flucht- und Rückzugsmöglichkeit vor Feinden. Die zwischen Himmel und Erde thronenden und unerreichbar scheinenden Gipfel prägen den Charakter der Insel und wurden zu Orten religiöser Verehrung. Von hier kamen die regenbringenden Wolken mit Donner und Blitz, den Attributen des Göttervaters Zeus, wie Homer in der Ilias (XIII, 449–453) zu berichten weiß:
„Stürmenden Flugs, umwallt von goldener Mähne die Schultern, / hüllt' er [Zeus] in Gold sich den Leib und faßte die Geißel, / schön aus Golde gewirkt, und trat in den Sessel des Wagens. / Treibend schwang er die Geißel, und rasch hinflogen die Rosse, / zwischen der Erd einher und dem sternenumleuchteten Himmel. / Schnell den Ida erreicht' er, den quelligen Nährer des Wildes. / Dort nun hielt Zeus, der Vater des Menschengeschlechts und der Götter, / löste die Rosse vom Wagen und breitete dichtes Gewölk aus, / Selber setzt' er nunmehr auf die Höhe sich, freudigen Trotzes."

Oben: *In vielen abgelegenen Bergdörfern trifft man heute vor allem auf alte Menschen, denn seitdem die Kreter den Tourismus als Einnahmequelle entdeckt haben, wandern immer mehr junge Leute in die Städte und größeren Küstenorte ab. Durch die Landflucht lösen sich die von der Familie bestimmten sozialen Strukturen des Dorflebens allmählich auf. Wo es den alten Menschen noch möglich ist, ihren wohlverdienten Lebensabend im Heimatdorf und im Schoß der Großfamilie zu verbringen, sind sie als Bewahrer kretischer Traditionen und wegen ihrer großen Lebenserfahrung äußerst angesehen. Zugleich halten sie als einstige Widerstandskämpfer die Erinnerungen an das geschichtliche Erbe der Kreter wach. Die kretische Kopfbedeckung, wichtiger Bestandteil der traditionellen Tracht, ist nur noch bei der älteren Generation als Alltagskleidung zu sehen.*

Rechts oben:
Bergdorf im östlichen Norden.

Rechts unten:
Bucht im Westen Kretas. Einsame Buchten sind nur noch dort zu finden, wo Unzugänglichkeit die touristische Erschließung erschwert oder die Strände durch Treibgut oder Teeranschwemmungen verschmutzt sind. Trotz aller Bemühungen der Umweltschützer sind heute viele der ehemaligen Schildkrötenablageplätze und die meisten küstennahen Feuchtgebiete, die den Zugvögeln als Zwischenstationen auf ihren großen Wanderungen dienen, für Badegäste durch Straßen erschlossen.

Oben: *Die Weißen Berge, auch Lefka Ori genannt, bilden das Rückgrat Westkretas. Schon die Minoer nannten sie „Berekinthos" (Weißes Massiv), da während der heißen Sommermonate Lichtreflexe des hellen Kalkgesteins die Gipfel weiß schimmern lassen, während sie im Winter mit Schnee bedeckt sind. Ihr höchster Gebirgsstock, der Pachnes, erreicht mit 2452 m fast die Höhe des Ida.*

Rechts: *Dorf am Fuß der Weißen Berge.*

Links: *In der Antike war Kastelli in der Provinz Kissamos wegen seiner günstigen Lage am Meer die reiche Hafenstadt der dorischen Gründung Polyrrhenia. Später besiedelten Römer und Venezianer die Stadt. Heute führt Kastelli ein eher beschauliches Dasein am Fuß der Weißen Berge. Die Provinzhauptstadt ist Handelszentrum für die Agrarprodukte der Region und bisher noch ohne große touristische Bedeutung.*

Oben: *Für den Abstieg auf einem Eselspfad in die Aradena-Schlucht, früher die einzige Verbindung zwischen* Anopolis *und* Aradena, *braucht man zu Fuß eine Viertelstunde. Der Südhang der Weißen Berge ist von 14 tiefen Tälern mit senkrecht abfallenden Wänden durchzogen, die dem Gebiet den Namen Sfakia, d. h. „Schluchten", gaben. In der kretischen Geschichte dienten die Täler der Sfakia Partisanenkämpfern als Versteck.*

Rechts: *Seit den achziger Jahren spannt sich eine Eisenbrücke über die Aradena-Schlucht, die hautnah erleben läßt, auf welch abenteuerliche Weise eine Kluft überbrückt werden kann. Das Bauwerk wurde der Gemeinde von einem Sfakioten gestiftet, der in Amerika sein Glück gemacht hatte.*

Links unten: *Das Dorf Aradena ist seit einer Blutrachefehde, der vor 50 Jahren alle Bewohner zum Opfer fielen, ein Geisterort. Nur die aus antikem Baumaterial errichtete byzantinische Kreuzkuppelkirche des Erzengels Michael blieb erhalten.*

Vorhergehende Doppelseite:
Blick über die Samaria-Schlucht

Oben: *Der friedliche Bachlauf in der Samaria-Schlucht verwandelt sich im Winter gewöhnlich zu einem reißenden Fluß und macht eine Durchquerung der Schlucht unmöglich.*

Rechts oben: *Um die einzigartige Pflanzen- und Tierwelt der Samaria-Schlucht zu schützen, wurde sie 1962 zum Nationalpark erklärt. Seit dieser Zeit ist der Ort Samaria verlassen. Seine Bewohner, die im 2. Weltkrieg zu den Widerstandskämpfern Kretas gehörten, wurden nach Agia Roumeli umgesiedelt. Die kleine byzantinische Kirche Sia Maria, die hier im 14. Jahrhundert zu Ehren der Jungfrau Maria errichtet wurde, gab dem Dorf und der Schlucht den Namen.*

Links unten: *Die Samaria-Schlucht, die berühmteste Schlucht Kretas, ist mit einer Ausdehnung von 18 km der längste Cañon Europas. Sie ist bis zu 600 m tief und an ihrer engsten Stelle, der sogenannten Eisernen Pforte (auf griechisch „Sideroporta") nur 3–4 m breit. Während des kretischen Befreiungskampfes gegen die Türken war sie für die Partisanen von zentraler Bedeutung. Trotz wiederholter Angriffe konnte sie niemals eingenommen werden.*
Im 2. Weltkrieg gelang es den griechischen Regierungsmitgliedern, durch die Schlucht an die Südküste zu fliehen, von wo aus sie mit Hilfe ihrer englischen Verbündeten nach Ägypten gebracht wurden.

Heute ist die Samaria-Schlucht, deren Durchwanderung zu den eindruckvollsten Naturerlebnissen gehört, das beliebteste Ausflugsziel der Besucher Kretas. Der Abstieg beginnt von der 1250 m hoch gelegenen Omalos-Ebene und endet bei Agia Roumeli auf Meereshöhe.

Oben: *Verwitterte Baumwurzel am Rand der Samaria-Schlucht.*

Auf 800 m Höhe mitten im Dikti-Massiv liegt die kreisrunde Lassithi-Hochebene. Schon im Neolithikum wurde die Ebene landwirtschaftlich genutzt. Ihre Fruchtbarkeit verdankt sie den großen Wassermassen, die sich während der jährlichen Schneeschmelze in unterirdischen Höhlen im Kalkgestein sammeln.

Bekannt ist die Lassithi-Ebene wegen ihrer zahllosen Windräder, mit denen das kostbare Wasser auf die Felder gepumpt wurde, eine Arbeit, die heute überwiegend motorbetriebene Pumpen leisten. Schon die Venezianer legten ein schachbrettartiges Kanalsystem zur Bewässerung an, das heute noch immer genutzt wird.

„Diese kretische Landschaft gleicht einer guten Prosa:
klar durchdacht, nüchtern,
frei von Überladenheiten,
kräftig und verhalten.
Sie drückt das Wesentliche
mit den einfachsten Mitteln aus.
Sie spielt nicht.
Sie wendet keine Kunstgriffe an
und bleibt jeder Rhetorik fern.
Was sie zu sagen hat,
das sagt sie mit einer gewissen
männlichen Strenge."
(*Nikos Kazantzakis,* Alexis Sorbas)

Der Name des Ida-Gebirges leitet sich von dem dorischen Wort Idha ab und bedeutet „bewaldeter Berg". Er weist darauf hin, daß die heute zumeist kahlen Hänge Kretas einst von großen Wäldern bedeckt waren. Trotz Abholzung für den Schiff- und Hausbau konnte sich nachweislich bis in die venezianische Zeit ein Großteil des Waldbestandes erhalten. Unter der osmanischen Herrschaft verlor die Insel jedoch rasch an Baumreichtum. Durch massiven Raubbau an den Wäldern und intensive landwirtschaftliche Nutzung gerodeter Flächen verkarsteten weite Teile der Insel. Weniger als zehn Prozent der Insel sind heute noch bewaldet.

Links oben: *Nida-Hochebene (1400m) im Psiloritis-Gebirge*
Links unten: *Küstengebirge bei Sfinari*
Rechts oben: *Südküste bei Chora Sfakion*
Rechts unten: *Ostküste bei Xerokambos*

„Unter mir breitete sich, einem unendlichen Zauberteppich gleich, die Ebene von Messara, eingeschlossen von majestätischen Gebirgsketten.
Von dieser erhabenen Höhe sieht sie aus wie der Garten Eden. An diesen Toren des Paradieses machten die Nachkommen von Zeus auf ihrem Weg zur Ewigkeit halt, um einen letzten Blick auf die Erde zu werfen, und sie sahen mit den Augen der Unschuldigen, daß die Erde wirklich das ist, was sie immer geträumt hatten: eine Stätte der Schönheit und der Freude und des Friedens"
(Henry Miller,
Der Koloß von Maroussi*)*

In landschaftlichem Gegensatz zu den kahlen Gebirgsregionen stehen auf Kreta die fruchtbaren Ebenen. Eine der bedeutendsten Anbauregionen seit der Besiedlung der Insel in der Jungsteinzeit ist die Messara-Ebene. Die 40 km lange und bis zu 12 km breite Senke ist durch die umgebenden Massive des Dikti- und des Asterousia-Gebirges windgeschützt und bietet daher ideale Bedingungen für den Feldbau. Hier entstanden in der Frühgeschichte und der Antike bedeutende Machtzentren wie das minoische Phaistos (Festos), Agia Triada und das römische Gortyn. Die Fruchtbarkeit der großen Ebene findet ihre Entsprechung im Zeus-Mythos: Im Schatten der immergrünen Platane von Gortyn soll Zeus mit der schönen Europa Minos gezeugt haben.

Oben: *Balos, Piratenbucht (Nordwesten Kretas).*
Im Hintergrund Gramvousa mit den Resten der venezianischen Festung. Geschützte und gut zugängliche Buchten im Norden und Osten Kretas wie die hier abgebildete Bucht bei Balos waren ideale Anlegestellen für seefahrende Eroberer und für Piraten.

Links: *Südküste bei Agios Pavlos. Mit ihren überwiegend schroffen, felsigen Klippen zum Meer und dem unwegsamen gebirgigen Hinterland diente die Felsküste den Einheimischen nicht selten als Rückzugsort vor Angreifern.*

Oben: *Balos, Piratenbucht.*

Rechts: *Der berühmte Palmenstrand von Vai an der Ostküste Kretas mit seinem karibischen Charme mußte mittlerweile wegen seiner Anziehungskraft auf unzählige Urlauber unter Naturschutz gestellt werden.*
Die auf Kreta vorkommende Dattelpalme bildet hier große Bestände. Ihre Früchte sind jedoch nicht eßbar. Die Legende weiß zu berichten, daß arabische Piraten hier gelagert hätten und bei dem Verzehr ihrer mitgebrachten Datteln Kerne im feinen Sandstrand liegen ließen, die heute den Grundstock des Palmenhains bilden.

Diese Seiten: *Etwa 30 Millionen Olivenbäume prägen heute mit ihren silbrig glänzenden Blättern die kretische Landschaft. Sie trotzen sowohl der sommerlichen Trockenheit als auch den starken Winden. Vor über 4000 Jahren brachten seefahrende Minoer den wilden Olivenbaum aus Kleinasien nach Kreta und veredelten ihn.*
Frühe Schriftzeugnisse aus den Lagerräumen minoischer Paläste beweisen, daß es schon damals auf der Insel reiche Olivenernten gab. Ein mittelgroßer Olivenbaum bringt etwa 60–80 kg Oliven hervor, aus denen bis zu 25 Liter Öl gewonnen werden können. Das Öl wird um so besser, je schonender die Pressung ist. Die anfallenden festen Rückstände werden zur Viehfütterung oder als hochwertiges Brennmaterial verwertet.

Rechts: *Weidende Schafe im Olivenhain.*

Im Frühjahr zeigt sich Kreta von seiner schönsten und farbenfrohsten Seite. Die Artenvielfalt der einheimischen Flora ist trotz der Überweidung groß. Das Vorkommen bestimmter Pflanzengattungen, die auch auf dem griechischen Festland, dem Balkan und dem asiatischen Raum zu finden sind, werten Botaniker und Geologen als Beweis für die Verbindung Kretas mit den angrenzenden Kontinenten vor ungefähr 15 Millionen Jahren. Während der nachfolgenden langen Periode der Isolation vom Festland konnten sich auf Kreta zahlreiche Pflanzenarten entwickeln, die sonst nirgendwo auf der Welt vorkommen.

Kleine Abbildungen von oben:
SILYBUM MARIANUM,
Mariendistel
PANCRATIUM MARITIMUM,
Seelilie
ORCHIS PAPILIONACEAE,
Schmetterlings-Knabenkraut
ASPHODELUS AESTIVUS,
Kleinfrüchtiger Affodill
ERUCA SATIVA,
Senfrauke

DAS GOLDENE ZEITALTER DES MINOS

„Ihrer König Stadt ist Knossos, wo Minos geherrscht hat, der neunjährig mit Zeus, dem großen Gotte geredet“
(Homer, Odyssee, 19. Gesang)

Die Entdeckung von Knossos

In der zweiten Hälfte des 19. Jahrhunderts sorgte Heinrich Schliemann (1822–1890) in Fachkreisen ebenso wie in der breiten Öffentlichkeit für eine weltweite Sensation. Inspiriert durch die Lektüre von Homers *Ilias* und *Odyssee*, gelangen ihm aufsehenerregende Funde an dem Ort, den er für Troja hielt, sowie in Mykene, wo er glaubte, auf die Burg des Agamemnon gestoßen zu sein. Den Lohn für seine Mühen verdankte Schliemann seiner ebenso ausgefallenen wie verlockend wirkenden Überlegung, griechische Heldensagen für die archäologische Spurensuche einzusetzen.

Angespornt von solchen Erfolgen, war es für Schliemann nur naheliegend, sich auch anderen in der mythischen Überlieferung erwähnten Schauplätzen zuzuwenden. Nach Homers Schilderungen mußte sich auf dem Hügel von Kephala bei Iraklion die Stadt von König Minos befunden haben. Der Besitzer jenes Grundstückes, ein Kreter mit dem treffenden Namen Minos Kalokairinos, hatte zwar bereits 1878 erste vielversprechende Probegrabungen auf seinem Gelände unternommen, aber wegen des Widerstandes seitens der türkischen Obrigkeit kam es zu keinen intensiveren archäologischen Untersuchungen. Schliemann versuchte 1886, das Grundstück zu erwerben, scheiterte aber letztlich an der Geschäftstüchtigkeit des Kreters. Dem berühmten Archäologen erschien der Kaufpreis zu hoch, zudem hätte er alle Funde abgeben müssen. Ein anderer Interessent sollte schließlich durch seine Entdeckungen auf dem Gelände von Knossos berühmt werden. Es war der britische Archäologe Arthur Evans (1851–1941), der dreißig Jahre seines Lebens und einen Großteil seines Vermögens in die umfangreichen Grabungsarbeiten an dieser Stätte investierte. Als Sohn eines begüterten Altertumsforschers war er entsprechend motiviert und dazu auch finanziell unabhängig. Evans war leidenschaftlicher Sammler und interessierte sich schon früh besonders für Hieroglyphensiegel. Während einer Griechenlandreise hatte er in einem Athener Antiquitätenladen interessante Siegelsteine mit vorphönizischen Schriftzeichen aus Kreta entdeckt, die ihn in seiner Vermutung bestärkten, daß die Ursprünge einer vorgriechischen, mykenischen Kultur nicht auf dem Festland zu finden waren. Fasziniert von diesem Fund, reiste er 1883 selbst auf die Insel. Unter den Ausgrabungsstücken des Minos Kalokairinos stieß Evans auf beschriftete Tontafeln, die ihn davon überzeugten, Knossos entdeckt zu haben. Daraufhin erwarb er einen Teil des Hügelgrundstückes.

Nachdem die Türken Kreta im Spätherbst 1898 verlassen hatten, begann Evans Anfang 1900 mit den Arbeiten und konnte bereits am zweiten Tag der Ausgrabungen Freskenfragmente bergen. Schon wenige Zeit später kamen bei Grabungen im Westteil der Palastanlage Schrifttafeln zum Vorschein. In seiner Tagebucheintragung beschrieb er seine Entdeckung als „eine Art Barren aus gebranntem Ton, in der Form einem steinernen Meißel ähnlich und mit Schrift sowie mit Zeichen bedeckt, die wie Ziffern aussahen.“ Dieser Tontafel folgten in wenigen Tagen hunderte weiterer Inschriften. Insgesamt wurden im Laufe der Ausgrabungszeit über zweitausend solcher Schriftzeugnisse geborgen. Diese prähistorischen Aufzeichnungen in einer bisher unbekannten Sprache, wie Evans in der Zeitung *Times* berichtete, ließen ihn vermuten, die früheste Hochkultur auf europäischem Boden entdeckt zu haben.

Modell eines minoischen Hauses (Archanes).

Bald folgten weitere sensationelle Ausgrabungen: Anfang April legten die Archäologen das lebensgroße Freskofragment eines Jünglings mit Kultgefäß frei, der „bemerkenswertesten Gestalt des mykenischen Zeitalters“, wie Evans in seinen Aufzeichnungen vermerkte. Evans datierte das Wandgemälde in die Zeit um 1400 v. Chr., da bei Homer und Hesiod die Herrschaftszeit des Königs Minos etwa drei Generationen vor dem Trojanischen Krieg anzusiedeln ist. Seine Vermutung, daß es sich bei Knossos um den Palast des homerischen Minos handelte, wurde durch weitere aufsehenerregende Funde bestätigt. Dazu gehörten der Thronsessel aus Alabaster und die Vielzahl der Stierabbildungen auf Gefäßen, Siegeln und Gemälden. Erst einige Zeit später wurde Evans durch vergleichende kunsthistorische Studien klar, daß er eine Kultur gefunden hatte, die wesentlich früher datiert werden mußte als die mykenische.

Arthur Evans hatte damit die minoische Zivilisation dem jahrtausendelangen Vergessen entrissen und ihr den verlorengegangenen Platz in der Weltgeschichte zurückgegeben.

Mythos und Geschichte

Die mündliche Überlieferung bedeutender Ereignisse in Sagen und Mythen stellt für die Geschichtsschreibung häufig eine wertvolle Fundgrube dar. Für die frühe Historiographie ist sie sogar die einzige Quelle, die über Begebenheiten und Helden aus den Anfängen der Geschichte berichtet. Der Mythos trägt in sich nicht selten einen geschichtlich realen Kern, eine Erkenntnis, die Schliemann und Evans zu ihren Erfolgen führte.

Aus Kretas Mythenschatz ist uns nur das bekannt, was 700 Jahre nach der minoischen Herrschaftsperiode, also etwa im 8. Jahrhundert v. Chr., die griechischen Festlandsvölker über das Inselvolk berichteten. Unverkennbar ist dabei ihr Bestreben, die eigene Rolle im mythologischen Entstehungsprozeß der Welt aufzuwerten, was unmittelbaren Einfluß auf die Überlieferungen des gesamten kretischen Götter- und Heldenpantheons von Zeus über Minos bis zu Theseus und Ariadne haben sollte.

Die Überzeugung, daß Zeus auf Kreta geboren wurde, war zu jener Zeit wohl so allgemein anerkannt, daß auch die Geschichtsschreiber nichts an diesem Mythos zu ändern vermochten. Die Verehrung des Stieres als übergeordneter Sonnen- oder Himmelsgott durch die Minoer paßte mühelos ins Bild, das man sich vom Göttervater Zeus gemacht hatte. Der Nachweis dafür liegt, wieder ganz im Sinn jener Überlieferung, auf der Hand: Zeus' Geburtsort befindet sich zu Füßen des Ida, dessen Doppelgipfel an die Hörner eines Stieres erinnern. In der Idäischen Grotte wurden minoische Kultgegenstände entdeckt, darunter bronzene Schilde, wie sie die Kureten trugen, jene Priester, die der Sage zufolge durch ihren Waffentanz das Säuglingsgeschrei des Zeus übertönten.

Mächtige Kulthörner säumen im Palast von Knossos den Aufgang zu den Südpropyläen.

Der Stier spielte in der minoischen Glaubenswelt eine zentrale Rolle und beflügelte auch die Vorstellungskraft von Sagenerzählern und Künstlern. Dies läßt sich durch eine Fülle außergewöhnlicher archäologischer Funde nachweisen. Das Stierspringerfresko aus Knossos beispielsweise zeigt Akrobaten bei ihrem waghalsigen Sprung über den Rücken eines heranrasenden Stieres. Auch die Opferung von Stieren wird durch Funde belegt. Auf dem Sarkophag von Agia Triada ist solch ein Stieropfer im Rahmen einer Begräbniszeremonie abgebildet. Der berühmte gold- und perlmuttverzierte Stierkopf aus Steatit stammt aus der jüngeren Palastzeit und besitzt eine Ein- und Ausgußöffnung. Die Forscher schließen daraus, daß er vermutlich bei rituellen Handlungen als Kultgefäß gedient haben muß.

Zeus in Tiergestalt, und zwar als Stier, steht im Mittelpunkt der Sage von der Entführung der phönizischen Prinzessin Europa. Dieser kostbare Raub gelang ihm, indem er sich in einen zahmen, weißen Stier verwandelte und die Prinzessin dazu verlockte, sich auf seinen Rücken zu schwingen. Zeus und Europa vermählten sich unter der berühmten Platane von Gortyn. Der Sage nach ging aus dieser Verbindung unter anderem Minos hervor. Diese Überlieferung könnte eine Anspielung darauf sein, daß sich Einwanderer aus dem kleinasiatischen Raum ab etwa 2000 v. Chr. mit der kretischen Urbevölkerung vermischten. Zu diesem Zeitpunkt nahm auch die minoische Hochkultur auf kretischem Boden ihren Anfang.

Homer berichtet, daß Minos alle neun Jahre an seinen Geburtsort im Ida zurückkehrte und dort von seinem Vater Zeus die göttlichen Gesetze erhielt. Die Begründung eines Herrschaftsanspruches durch göttliche Eingebung ist ein Motiv, welches auch in der Moseserzählung des Alten Testaments erscheint.

Es ist anzunehmen, daß die minoische Herrschaft

Palast von Knossos, Greifenfresko (nach 1450 v. Chr.). Mit Adlerkopf, Löwenkörper und Schlangenschwanz symbolisiert der Greif die Allmacht des Herrschers über, auf und unter der Erde.

theokratisch strukturiert war und König Minos ähnlich wie die Pharaonen in Ägypten als göttliches Wesen verehrt wurde. Die überaus reichen kultischen Funde in den minoischen Palästen beweisen eindeutig, daß Priesterinnen und Priester im Staatswesen der Minoer eine herausragende Position einnahmen.

Das mächtige Reich des mythischen Minos mit Knossos als Zentrum ist ebenfalls historisch dokumentiert: Es steht fest, daß das Reich der Minoer in der Jüngeren Palastzeit sein Machtzentrum in Knossos auf Kreta hatte und von dort aus die Kontrolle über den gesamten Mittelmeerraum ausübte. Die unbefestigten Paläste weisen darauf hin, daß es sich um ein Seefahrervolk mit weitreichendem Einflußgebiet handelte. Auch der Name Minos ist keine Erfindung eines Sagenerzählers, sondern taucht schon in historischen Texten Ägyptens aus dem 22. und 23. Regierungsjahr Thutmosis' III. um 1450 v. Chr. auf. Dort werden neben Gesandtschaften aus dem „Keftiu-Land", d. h. aus Kreta, auch solche beschrieben, die aus dem Fremdland „Menus" oder „Minus" stammen.

Die Sage rankt sich bis zuletzt um die Figur des Stieres: Minos bat seinen Onkel Poseidon, ihm einen besonders schönen weißen Stier aus dem Meer zu schicken, um seinen Machtanspruch auf Kreta zu festigen. Im Gegenzug versprach er, ihm den Stier anschließend zu opfern. Minos war von der Schönheit des Tieres jedoch so beeindruckt, daß er es verschonte und an dessen Stelle ein schmächtiges Exemplar auf dem Altar darbrachte. Aus Rache verzauberte Poseidon Pasiphae, die Gattin des Minos, und ließ sie in Liebe zu einem Stier entbrennen. Mit ihm vereinigte sich Pasiphae dank einer ausgeklügelten Vorrichtung des Erfinders Daidalos: Er baute eine hölzerne Kuh, in die Pasiphae sich einschloß. So wurde sie Mutter des berühmten Halbwesens Minotauros, einer Mischgestalt mit Stierkopf und Menschenkörper.

Auf einem minoischen Siegel der Psichro-Höhle ist solch ein Halbwesen dargestellt. Ob während kultischer Handlungen Priester mit Tiermasken Rituale vollzogen, ist nicht nachgewiesen, aber zu vermuten.

Die männliche Stier-Sonnen-Gottheit findet ihr Pendant in der weiblichen Göttin mit der Kuh-Mond-Symbolik. Pasiphae, „die allen Erstrahlende", wurde gemäß den um 160 bis 180 n. Chr. entstandenen Schriften des Pausanias in Griechenland auf dem Peloponnes als Mondgöttin verehrt. In diesem Mythos finden sich Hinweise auf den uralten weiblichen Mutterkult, den die vielen Fruchtbarkeitsidole bezeugen, die auf Kreta geborgen wurden.

Der erzürnte Minos, der seinen unerwünschten Stiefsohn Minotauros töten wollte, ließ sich nur durch Fürbitte seiner Tochter Ariadne von seinem Vorhaben abhalten und befahl Daidalos, ein Labyrinth zu errichten, in dem der Minotauros fortan leben mußte. Die Darstellung eines Labyrinths fand man tatsächlich auf einer Linear-B-Tontafel aus Pylos. Die Entstehung des Begriffs „Labyrinth" selbst steht in engem Zusammenhang mit dem heiligen Zeichen der Doppelaxt, die im Vorgriechischen „Labrys" genannt wurde. Dieses Symbol kehrt auf unzähligen Fundstücken wieder und ist in die Wände und Pfeiler des Palastes von Knossos gemeißelt. Für die mykenischen Griechen muß der Palast von Knossos als „Haus der Doppeläxte" mit seinen Hunderten von Räumlichkeiten so verwirrend und verwinkelt gewirkt haben, daß sich daraus die Bedeutung des Labyrinths als Irrgarten ableitete. Nach Evans' Ansicht war der Palast von Knossos mit dem mythischen Labyrinth identisch.

Als Minos' Sohn Androgeos in Athen getötet wurde, unternahm der verbitterte Vater mit seiner Flotte einen Rachefeldzug gegen die Athener und unterwarf sie. Athen wurde Minos tributpflichtig. Während sonst im Mythos Gerechtigkeit als ein besonderes Merkmal des minoischen

Der englische Archäologe Sir Arthur Evans in seinem Arbeitszimmer (um 1925). In den Händen hält er den berühmten Stierkopf aus Steatit, der zu minoischer Zeit vermutlich bei rituellen Handlungen als Kultgefäß diente.

Herrschers betont wurde, ist es nun naheliegend, daß die Sagenerzähler des griechischen Festlands die Grausamkeit des Königs hervorhoben. Alle neun Jahre mußten die Unterworfenen sieben Jünglinge und sieben Jungfrauen nach Kreta senden, die dort dem Minotauros geopfert wurden. So berichtet Homer in der *Ilias*: „Durchs kretische Meer hin rauschte des Schiffes blaustrahlender Bug. Den Theseus trug es und sieben Paare ionischer Jugend." Geschichtlicher Hintergrund für diese mythologische Darstellung war wohl die unbestrittene Oberherrschaft der seefahrenden Minoer über das östliche Mittelmeer.

Der Mythos von der Macht des Minos endete mit der Geschichte von Theseus und Ariadne. Nachdem der Athener Jüngling Theseus den Minotauros getötet hatte, glückte ihm die anschließende Flucht nur mit Hilfe einer List: Der Faden der Ariadne ermöglichte ihm, unbeschadet den Weg aus dem Labyrinth zu finden. Die geschichtliche Entsprechung zum Mythos sehen die Forscher darin, daß die mykenischen Griechen sich um 1400 v. Chr. endgültig gegenüber der minoischen Macht behaupten konnten.

Der Palast von Knossos

Der mythenumwobene Palast des Minos wurde dank Arthur Evans geschichtliche Realität. Evans legte auf dem über zwanzigtausend Quadratmeter großen Gelände von Knossos 1200 Räume, zahlreiche kostbare Fresken und unzählige wertvolle Kleinobjekte frei. Die Auswertung seiner Funde und einen Entwurf für ihre Datierung hielt Evans in seinem vierbändigen Monumentalwerk „The Palace of Minos" für die Nachwelt fest. Obwohl es erst seit der mittleren Bronzezeit, also um das zweite Jahrtausend v. Chr. in Knossos einen Palast gegeben haben konnte, führte Evans für die gesamte Periode von 2600 v. Chr. bis 1100 v. Chr. den Begriff der „minoischen Kultur" ein. Auch die Archäologen nach Evans behielten diese Bezeichnung für die kretische Bronzezeit bei.

Bei der chronologischen Einordnung der Funde berücksichtigte Evans zunächst die mythische Überlieferung, im weiteren Verlauf der Feldforschung richtete er sich nach den verschiedenen Keramikstilen und vergleichbaren Funden aus Ägypten. Allerdings darf dabei nicht vergessen werden, daß zu Evans' Zeit die Methodik der Ausgrabungsarbeit noch nicht so ausgefeilt und technisiert war wie heute. Moderne Verfahren zur Altersbestimmung wie die Radiocarbonmethode (C-14-Methode) und die Dendrochronologie wurden erst Jahrzehnte später entwickelt. Zudem hatten etliche Ausgrabungen früher Hochkulturen im Mittelmeerraum im späten 19. und im frühen 20. Jahrhundert noch gar nicht stattgefunden, und demnach war eine entsprechende vergleichende archäologische Forschung auch nicht möglich. Evans' Datierung galt daher bald als überholt.

Heute folgt man dem Forschungsansatz des griechischen Archäologen Nikolaos Platon aus den 70er Jahren, der für seine Chronologie nicht mehr vom Mythos, sondern von den rekonstruierbaren geschichtlichen Ereignissen auf Kreta ausgeht, vor allem von den Phasen der Zerstörung und des Wiederaufbaus der minoischen Paläste. Die Datierungsfrage ist jedoch unter den Gelehrten bis heute umstritten und wird laufend durch neue Forschungsergebnisse relativiert und verändert. Je mehr ausgegraben wird, desto unsicherer werden auch bisherige Theorien über das Leben der Minoer und die verschiedenen Datierungsversuche. Nur ein verschwindend geringer Bruchteil der minoischen Siedlungsreste ist bis heute entdeckt worden. Viele Hypothesen müssen wahrscheinlich solange unbestätigt bleiben, wie noch Funde unter Kretas Oberfläche verborgen sind.

Knossos, Großer Palast (Grundriß nach J. D. S. Pendlebury)

Gesamtmaß ca. 150 × 100 m. Dargestellt ist der Zustand vor der Zerstörung um 1400 v. Chr. Deutlich wird der labyrinthische Charakter der Anlage. Folgende Teile sind durch Ziffern bezeichnet: 1 Eingänge, 2 Wohnbezirk, 3 Magazine (sie beweisen, daß der Palast auch wirtschaftliche Funktionen hatte), 4 sog. Theater, 5 Prozessionskorridor (benannt nach seinen Fresken), 6 Veranda, 7 innere Vorhalle, 8 Treppe zum ersten Stock, 9 Thronsaal, 10 Kultkapelle, 11 Pfeilersaal, 12 Privathäuser.

Einige Archäologen machten Evans und seinen Mitarbeitern später zum Vorwurf, bei ihren Ausgrabungen in Knossos viel wertvolles Informationsmaterial zerstört zu haben. Evans ging in seiner Begeisterung bei den Arbeiten sehr schnell vor und ließ die oberste Grabungsschicht zu großen Teilen abtragen. Hinzu kommt, daß es zu Evans' Zeiten nicht üblich war, Erdstege stehenzulassen, anhand derer man das Bodenprofil mit der chronologischen Schichtenfolge intakt erhält. Dadurch wurde die Deutung der Funde vor allem in Bezug auf die letzte Palastperiode der mykenischen Zeit erheblich erschwert.

Evans' Bemühungen um Anschaulichkeit wurden ihm von einigen seiner Nachfolger übelgenommen, und kritische Stimmen meinen, daß Knossos zum „Disneyland" für Archäologen entartet sei. Für den Reisenden, der heute den Palast von Knossos besucht, ist Evans' Versuch einer lebensnahen Rekonstruktion jedoch ein Glücksfall. Seinem Einsatz und Durchhaltevermögen sowie seiner Phantasie ist es zu verdanken, daß das Leben der Minoer für den archäologischen Laien in den Mauern des Palastes von Knossos spürbar wird. Evans erklärte es zu seinem vorrangigen Ziel, die Palastanlage möglichst lebensnah wiederaufzubauen, und scheute dafür weder Mühe noch Kosten. Unter großem Aufwand und mit Hilfe erfahrener Bergleute gelang es, die verschütteten Treppenhäuser und Lichtschächte des Palastes abzustützen und freizulegen. Für die Restaurierung der Fresken ließ Evans sogar Fachleute und Künstler aus ganz Europa anreisen. Die vorhandenen Bruchstücke wurden zusammengesetzt, fehlende Teile wurden durch Analogieschlüsse ergänzt. Diese Rekonstruktionen gelangen weitgehend sehr gut, zum Teil stellten sie sich aber auch als Fehldeutungen heraus. Letzteres war bei dem unvollständigen Fresko der safranpflückenden Meerkatze der Fall, das die Archäologen als Bild eines Jünglings interpretieren. Der Irrtum zeigte sich erst, als das fehlende Bruchstück mit dem Affenschwanz gefunden wurde.

Die Anordnung der verschiedenen Gebäudekomplexe der Palastanlage von Knossos folgt einem Grundriß, dem auch die Architektur vieler anderer minoischer Paläste auf Kreta entspricht. Mittelpunkt ist meist ein geräumiger, rechteckiger Zentralhof, um dessen vier Seiten sich die übrigen Gebäudeteile gruppieren.

Ein Teil des Palastes diente offensichtlich kultischen Zwecken, denn den westlichen Vorhof durchziehen erhöhte Prozessionswege. Zudem fanden die Archäologen Reste von Opferaltären auf dem gepflasterten Areal.

Im westlichen Gebäudekomplex liegen große Vorratsräume. Auch der berühmte, wegen seines Freskenschmuckes so genannte Prozessionskorridor kann hier besichtigt werden. Auf der zum Zentralhof gelegenen Seite des Westflügels befindet sich der Saal mit dem berühmten Alabasterthron. Die dicken Mauern des großen Südeingangs sind mit riesigen Hörnern geschmückt, die auf die Bedeutung des Stieres als Kultwesen der Minoer hinweisen. Durch zwei Hallen gelangt man hier von Süden aus auf den großen zentralen Innenhof. Er diente nicht nur der Klimatisierung und Beleuchtung der angrenzenden Gebäude. Die Forscher nehmen an, daß hier neben anderen religiösen Zeremonien auch das Stierspringen minoischer Akrobaten stattfand. An der Ostseite führt das große mehrstöckige Treppenhaus mit seinen Alabasterstufen hinab in weitere, mit wunderschönen Fresken geschmückte Räume, die einst über ein ausgeklügeltes Kanalisationssystem verfügten. Wegen ihrer luxuriösen Ausstattung nahm Evans an, daß hier die Privaträume der minoischen Herrscher gelegen haben könnten. Der Nordflügel beherbergt eine große

Säulenhalle, die von Evans als Zollstation interpretiert wurde, denn von hier aus führte in minoischer Zeit die sogenannte „Heilige Straße" in Richtung Amnissos, des Hafens von Knossos.

Umstritten bleibt nach wie vor die Funktion der Paläste: Der französische Archäologe Paul Faure vermutet, daß es sich bei den großen Palastanlagen um Heiligtümer handelt, in denen ausschließlich die Priesterschaft lebte. In der Nähe entdeckte man nämlich weitere großzügig angelegte Gebäude. Dort, dicht neben den Tempelbezirken, so Faure, lagen die königlichen Residenzen als Zentren der weltlichen Macht. Der deutsche Archäologe Hans-Georg Wunderlich vertrat 1971 dagegen die Auffassung, die Palastbauten seien in Wahrheit große Grabanlagen gewesen. Als Beweis nennt er die fehlenden Befestigungen, die Räume in Kellerlage, die zum Wohnen ungeeignet seien, die Treppenstufen aus Alabaster, einem Material, welches für die tägliche Nutzung viel zu weich ist, sowie das Fehlen einer Küche. Die Lichtschächte deutete er als Entlüftungssystem für die Verwesungsgerüche, die Kanalisation als notwendig für die Einbalsamierung der Toten. Dennoch bleiben Widersprüche bestehen. Im Palast von Kato Zakros wurden im Gegensatz zu den anderen Anlagen eine Küche entdeckt, außerdem ein Metallschmelzofen, der auf die Tätigkeit von Handwerkern schließen läßt. Bei Archanes wurde eine große minoische Totenstadt mit Kuppelgräbern freigelegt. In Knossos lassen die großen Vorratsräume, die Inventarlisten und die Straße zum Hafen die Hypothese zu, daß zumindest Teile der Palastanlage als Lager und Umschlagplatz für Waren dienten.

Der Grundriß des Palastes von Knossos wird als Muster für die anderen Palastbauten angesehen. Anhand dieses bedeutendsten Zentrums der minoischen Kultur läßt sich auch der zeitliche Entwicklungsprozeß im Verlauf der Frühgeschichte Kretas nachvollziehen.

Evans entdeckte in den untersten 6–8 m des Grabungsprofils in Knossos Wohnschutt aus der Zeit des Neolithikums um 5000 v. Chr. Siedlungen aus der Jungsteinzeit sind auch bei Phaistos (Festos), Malia und Sitia in Zentral- und Ostkreta freigelegt worden. Viele Forschungsarbeiten gingen bisher davon aus, daß eine erste Einwanderungswelle aus den Hochkulturen des kleinasiatischen Raumes allein für die anschließende Weiterentwicklung der Zivilisation auf Kreta verantwortlich war. Neueste Grabungsarbeiten auf der Insel relativieren jedoch diese Annahme: Sie belegen nämlich, daß Kreta schon im Neolithikum sehr dicht besiedelt war und eine eher kontinuierliche Entwicklung nicht ausgeschlossen werden kann.

Während der Vorpalastzeit, also zwischen 3000–2200 v. Chr., verzeichnen die Forscher eine zweite Einwanderungswelle. Aus den frühen Hochkulturen des kleinasiatischen Siedlungsraumes sowie aus Ägypten und Mesopotamien strömten Siedler nach Kreta, welche das Leben auf der Insel

Treppenaufgang im Palast von Knossos.

nachhaltig beeinflußten. Kupferbearbeitungstechniken und die Einführung der Töpferscheibe führten zu bahnbrechenden Veränderungen im Kriegswesen und im Kunsthandwerk. Typisch für die Vorpalastzeit ist der sogenannte flammende Stil in der Keramik, so benannt nach dem unregelmäßigen Brennvorgang der Tonware. Vor allem die Steinschneidekunst weist eine erstaunliche Reife auf. Siegelsteine zeigen fein zieselierte Gravuren auf engstem Raum. Ihre Ausführung und Bearbeitung ist eigentlich nur durch den Einsatz von Vergrößerungsgläsern vorstellbar. Die von Evans in Knossos entdeckten Tontafeln dieser Periode belegen die frühe Herausbildung einer Hieroglyphenschrift. In dieser Epoche gewann die Seefahrt immer mehr an Bedeutung, und der Handel mit Ägypten, Mesopotamien und Kleinasien nahm sprunghaft zu. Fest verputzte Häuser für die Lebenden und Kuppelgräber für die Toten zeigen, daß sich auch das Alltagsleben der damaligen Bevölkerung deutlich veränderte.

In der darauffolgenden Älteren Palastzeit (von etwa 2200–1700 v. Chr.) setzte sich die Entwicklung der bis dahin reinen Agrargesellschaft fort. Große Machtzentren und Prachtbauten entstanden, die wahrscheinlich durch Sklaven errichtet wurden. Bedeutsam ist, daß alle Palastanlagen dieser Epoche, also neben Knossos auch Phaistos (Festos), Malia und Kato Zakros keinerlei Befestigungsanlagen aufwiesen. Diese Tatsache läßt die Wissenschaftler darauf schließen, daß Kretas Herrscher schon eine sichere Vormachtstellung als Seemacht im Mittelmeerraum errungen hatten, denn die Angst vor Übergriffen vom Meer her war offensichtlich verschwindend gering. Hauptpalast war zu dieser Zeit jedoch der Palast von Phaistos. Nur hier fand man die feine Eierschalenkeramik oder Kamaresware. Die Produktion dieser hauchdünnen Tongefäße setzte eine hochentwickelte Töpfertechnik voraus. In Phaistos entdeckte man auch Tontafeln mit der bis heute nicht entzifferten Linear-A-Schrift. Bedeutendster und rätselhaftester Fund dieser Zeit ist der Diskos von Phaistos. Die beidseitig mit Drucklettern versehene Tonscheibe in Linear-A hat sich bisher allen Deutungsversuchen durch die Experten entzogen.

Der Diskos von Phaistos (1700–1600 v. Chr.) trägt Zeichen der bisher nicht entzifferten Linear-A-Schrift.

Die Toten wurden in dieser Epoche in Pithoi oder Tonsarkophagen bestattet. Die Ältere Palastzeit endete in einer Katastrophe. Um 1700 v. Chr. wurden alle Paläste auf Kreta vermutlich durch ein Erdbeben bis auf die Grundmauern zerstört.

Als Blütezeit der minoischen Hochkultur gilt die Jüngere Palastzeit von 1700 v. Chr.–1450 v. Chr. Es ist die Epoche, in der die Paläste auf den alten Fundamenten größer und prunkvoller wiederaufgebaut wurden. Knossos war offensichtlich das neue Machtzentrum der Insel. Die Gebäudekomplexe mit mehreren Stockwerken und einer großen Anzahl von Treppen und Lichtschächten verwirren durch ihr Labyrinth von Gängen.

Handel und Handwerk erreichten in dieser Zeit eine nicht gekannte Blüte. Kostbarer Goldschmuck zeugt vom großen Reichtum der Oberschicht. Die Linear-A-Schrift wurde durch die Linear-B-Schrift abgelöst. Diese Schrift der jüngeren Paläste konnte durch den Architekten Michael Ventris 1953 mit Hilfe einer im 2. Weltkrieg angewandten Dechiffriertechnik entziffert und übersetzt werden. Größtenteils handelte es sich bei den gefundenen Inschriften um Inventarlisten und Abrechnungen der Palastbuchhaltung. Da das Linear-B-Schriftsystem als frühe Form des mykenischen Griechisch erkannt wurde, läßt sich folgern, daß Festlandsgriechen auf dem damaligen Kreta schon führende Positionen innehatten.

Ab 1450 v. Chr. brachen neue Katastrophen über Kreta herein, die den endgültigen Verfall der minoischen Kultur zur Folge hatten. Das Ende der Palastanlage von Phaistos datiert man auf 1410 v. Chr. Knossos wurde vierzig Jahre später durch Brände zerstört.

Danach setzt die neuere Forschung eine 3. Palastzeit an, in der nur Knossos noch einmal eine Rolle spielt. Weitere späte Machtzentren liegen in Archanes und Kydonia-Chania. Mykenische Burganlagen kennt man aus Agia Triada, Tylissos und Gournia.

In dieser Phase von 1370–1200 v. Chr. waren die Mykener bereits Herren der Insel. Auf Kreta etablierte sich eine minoisch-mykenische Mischkultur, die durch den Einfluß der Mykener auf die Kunst sichtbar wird. Das Zentrum der Macht verlagerte sich nach Mykene und Tiryns, deren Bedeutung sich in den großen Kyklopen-Festungen mit ihren wuchtigen Steinmauern widerspiegelt.

Die Zerstörungen durch verschiedene Seevölker ab 1200–1000 v. Chr. läuteten die Nachpalastzeit ein, und bald darauf sank Kretas Einfluß im Mittelmeer bis zur Bedeutungslosigkeit herab.

Der rätselhafte Untergang einer Hochkultur – Das Opfer von Archanes

1979 gelang dem griechischen Archäologenehepaar Evi und Jannis Sakellarakis in Anemospilia am Nordhang des Jouchtas bei Archanes eine sensationelle Entdeckung. Im „Tempel der Windhöhlen" fanden sie vier menschliche Skelette aus minoischer Zeit. Aus der Anordnung der Räume und dem Fundort der menschlichen Überreste konnten die Forscher den Ablauf der Ereignisse rekonstruieren, die sich damals in diesem Tempel zugetragen haben. Offensichtlich wurde hier ein Menschenopfer dargebracht, um die göttlichen Mächte zu besänftigen. Auf dem Altar war ein etwa 18jähriger Mann festgebunden. Mit einer Bronzeklinge hatte ihm ein Priester gerade die Halsschlagader durchtrennt, während ein zweiter die mit Blut gefüllte Schale hinaustrug. Auch eine Priesterin nahm an der Zeremonie teil. Bevor jedoch das Ritual beendet war, setzte ein Erdbeben ein, und die Mauern des Tempels brachen über ihnen zusammen. Die Priester wurden von den herabstürzenden Trümmern erschlagen. Noch ist nicht sicher, ob dieses Blutopfer eine übliche Kulthandlung in der sonst als so friedvoll beschriebenen minoischen Zivilisation war, oder ob es sich um einen letzten, verzweifelten Versuch handelte, sich für eine drohende Erdbebenkatastrophe durch ein außergewöhnliches Opfer des göttlichen Beistands zu versichern.

Frühgeschichtliche Maske aus dem archäologischen Museum in Iraklion.

Kreta war schon immer ein erdbebengefährdetes Gebiet. Seine Geschichte ist durch eine lange Kette von Katastrophen beeinflußt, die auf der geologischen Struktur der Insel und der Bewegung der Kontinentalplatten basieren. Kretas Landmasse ist Teil der ägäischen Platte, die sich seit Jahrmillionen über die afrikanische Platte schiebt. Vor 15 Millionen Jahren war die Insel noch an das griechisch-türkische Festland angeschlossen. Dann begann der Abtrennungsprozeß. Inzwischen hat sich Kreta bereits 400 km auf die afrikanische Landmasse zubewegt, und in weiteren 10 Millionen Jahren dürfte die Insel Afrika erreicht haben. Trockengefallene Häfen wie der des antiken Falassarna in Westkreta zeigen, daß diese Entwicklung unaufhaltsam ist. Die westlichen Teile der kretischen Küstenlinie heben sich während der Bewegung der Kontinentalplatten auch heute noch aus dem Meer. Östliche Siedlungen wie das antike Olous bei Elounda oder der minoische Hafen von Kato Zakros sind dagegen bereits im Meer versunken. Die Bewegung der Platten verläuft für geologische Begriffe so schnell, daß es durch die Spannungen der Erdkruste häufig zu Erdbeben kommt. Auf einer Linie 100 km nördlich von Kreta, also etwa in der Höhe der Vulkaninsel Santorin, verzeichnet die Wissenschaft immer wieder starke Vulkanausbrüche. Um sich bei Erdbeben zu schützen, errichteten schon die Minoer ihre Paläste mit Holzsäulen, die eine größere Schwingungsstabilität haben als Stein.

Sämtliche Katastrophen während der minoischen Zeit auf Kreta bleiben rätselhaft. Für den Untergang der Palastanlagen um 1450 v. Chr. machten die Forscher lange Zeit den gewaltigen Vulkanausbruch auf der Insel Santorin und eine durch den Einsturz des Kraters erzeugte riesige Flutwelle verantwortlich.

Ablagerungen, die eine Flutwelle dieses Ausmaßes hätte erzeugen müssen, konnten bisher auf Kreta jedoch nicht nachgewiesen werden. Außerdem nimmt man heute an, daß der Einsturz des Kraters nach der Eruption sich nicht urplötzlich vollzog, sondern ein stetiger Prozeß gewesen sein muß. Damit wäre auch die Flutwellentheorie überholt. Neue Forschungen haben ergeben, daß Ascheablagerungen im Grönlandeis und die Veränderung von Jahresringen im Holz der Bäume auf einen großen Vulkanausbruch hindeuten. Dieser wird allerdings auf etwa 1625 v. Chr. datiert, womit ein zeitlicher Zusammenhang der Magmaeruption und der Zerstörungswelle der Paläste um 1450 v. Chr. nicht mehr gegeben ist. Zudem ist nicht sicher, ob die Aschemengen im Eis überhaupt von Santorin stammen, da es in der Bronzezeit weltweit mehrere große Vulkanausbrüche gegeben hat.

Erdbeben müssen beim Niedergang der minoischen Kultur in jedem Fall eine Rolle gespielt haben, wie u. a. das Menschenopfer von Archanes vermuten läßt. Durch Erdbeben könnten Feuer innerhalb der Palastmauern entfacht worden sein. In vielen Fällen, etwa auch in Knossos, ist nachweisbar, daß minoische Paläste durch Brände zerstört wurden. Ob die Feuer von Feinden der Minoer gelegt wurden oder ob die Prachtbauten bei Aufständen der Bevölkerung gegen die eigene Herrscher- und Priesterkaste in Brand gerieten, bleibt offen.

Mit seinen über tausend Räumen und bis zu vier Stockwerken ist der Palast von Knossos der größte der bisher ausgegrabenen minoischen Paläste auf Kreta. Überall an seinen Wänden finden sich Darstellungen von Doppeläxten, die ihm den Namen „Haus der Doppeläxte“ gaben. Das kultische Herrschaftszeichen des Doppelbeils war bereits im frühen Anatolien und in Vorderasien ein wichtiges religiöses Symbol und Attribut des Gewittergottes. Die Minoer übernahmen zwar das Kultsymbol, Abbildungen des Doppelbeils wurden bei ihnen jedoch nie mit männlichen, sondern immer nur im Zusammenhang mit weiblichen Figuren dargestellt. Manche Forscher sehen darin einen Hinweis auf ein minoisches Matriarchat.
Von dem griechischen Wort „Labrys“ für Doppelaxt leitet sich der Begriff Labyrinth ab. Schon den Festlandsgriechen muß der Palast von Knossos mit seinen vielen Gängen, Fluren, Treppen und Lichtschächten wie ein Irrgarten erschienen sein. In der griechischen Sagenwelt wurde der Palast folglich zum Schauplatz mysteriöser Ereignisse: König Minos beauftragte den Athener Baumeister und Künstler Daidalos, der an seinem Hof im Exil wohnte, ein Labyrinth im Keller seines Palastes zu errichten. Hier mußte der Minotauros auf Geheiß seines Stiefvaters sein Leben fristen, denn das Halbwesen mit Stierkopf und Menschenkörper war die Frucht der frevelhaften Vereinigung Phasiphaes, der Gattin des Minos, mit einem Stier. Alle neun Jahre ließ Minos dem im Labyrinth verborgenen Minotauros je sieben Athener Jünglinge und Jungfrauen opfern, die als Tribut nach Kreta gesandt werden mußten. Dem Athener Helden Theseus gelang es schließlich, das menschenfressende Ungeheuer zu töten und mit Hilfe der Königstochter Ariadne den Weg aus dem Labyrinth zu finden.

Rechts: Großes Treppenhaus im Palast von Knossos.
Die Stadt Knossos bildete mit ihrem Palast das Zentrum des minoischen Reiches.

Oben: *Fruchtbarkeitsidol aus der Jungsteinzeit.*

Unter dem Zentralhof des Palastes von Knossos entdeckten Archäologen große Mengen neolithischen Wohnschutts, ein Hinweis darauf, daß die Menschen schon in prähistorischer Zeit nicht nur in primitiven Höhlen, sondern bereits in Häusern aus Stein und Ziegeln lebten. Die Höhlen blieben bis in die Antike bedeutende Kultorte zur Anbetung der alten Fruchtbarkeitsgöttinnen. Gedrungene und überstilisierte Tonfiguren wie das abgebildete Fruchtbarkeitsidol aus Kato Ierapetra zeugen von der Verehrung solcher weiblicher Gottheiten.
Es ist anzunehmen, daß sich die zentrale Bedeutung der Frauen für das religiöse Leben der Minoer aus dieser Tradition herleitet.
Noch in der griechischen Antike wurde in Lato die Geburtsgöttin Eileithyia, deren Kulthöhle bei Amnisos liegt, verehrt. Der Name „Elysium“ steht in Zusammenhang mit dieser Göttin, die in Linear-B-Schriften auf in Knossos entdeckten Tontafeln genannt wird. In der Odyssee (IV, 563 ff.) *erwähnt Homer Rhadamanthys, den Bruder des Minos, als Repräsentanten des „Elysiums“, der paradiesischen „Insel der Seligen“, und nimmt hier wohl Bezug auf altminoische Jenseitsvorstellungen.*
Hera, die Gattin des Zeus, soll einst die Geburt des Helden Herakles um einige Tage verzögert haben, indem sie Eileithyia mit gekreuzten Armen und Beinen vor dem Zimmer seiner Mutter sitzen ließ.

Der überwiegende Teil der berühmten minoischen Wandmalereien befindet sich im Palast von Knossos. Die Malereien stellen hauptsächlich friedliche Themenbereiche dar: Es sind keine Kampfszenen zu sehen, sondern viele Natur- und Tiermotive. Darstellungen aus dem höfischen und religiösen Leben der Minoer geben einen Einblick in die hochentwickelte minoische Kultur. Durch ihre Lebendigkeit, ihren Detailrealismus und ihre Phantasie vermitteln die Malereien dem Betrachter eine paradiesische Welt voller Anmut und Schönheit.
Die Greifen im Thronsaal von Knossos mit Adlerkopf, Löwenkörper und Schlangenschwanz versinnbildlichen die mythische Allmacht des Herrschers. Der Thron aus Alabaster stammt noch aus der Älteren Palastzeit, der Raum selbst wurde anschließend in vier verschiedenen Baustufen verändert. Das Greifenfresko (rechts oben) entstand erst nach 1450 v. Chr. Gegenüber dem Thron stieß Evans auf ein alabasterverkleidetes Becken unterhalb des Bodenniveaus, das wahrscheinlich als Kultbecken diente. Auch in den anderen minoischen Palastanlagen entdeckte man solche „Lustrationsbecken“, deren Verwendungszweck umstritten ist.
Bei den minoischen Wandmalereien handelt es sich um Fresken, die nicht auf feuchtem („al fresco“), sondern auf trockenem Untergrund in der „fresco secco“-Technik aufgetragen wurden. Da bei dieser Technik die Farbe leicht abblättert, waren große Teile der Malereien, die Evans ans Tageslicht brachte, bereits zerstört und mußten mühsam rekonstruiert werden.

Rechts unten: *Das farbenfroh und lebendig wirkende Delphinfresko aus der Jüngeren Palastzeit bildet im Untergeschoß des Ostflügels den Wandschmuck im „Megaron der Königin“.*

Diese berühmte Fayencestatuette der Schlangengöttin aus der Zeit um 1600 v. Chr, die mit einer weiteren Figur im Zentralheiligtum des Palastes von Knossos in den Lagerräumen gefunden wurde, ist fast schon zum Symbol der minoischen Hochkultur geworden. Die Figuren, die Priesterinnen darstellen, halten Schlangen in den Händen oder haben sie sich um den Leib gewunden. Die frei getragenen Brüste und der Fabelrock entsprechen wahrscheinlich der damaligen Hoftracht. Wie der Stier, so galt in der minoischen Kultur auch die Schlange als heiliges Lebewesen und als Begleittier der Erdgöttin. Einige Funde, wie beispielsweise röhrenförmige Klettergefäße, könnten ein Hinweis darauf sein, daß die Minoer sich lebende Schlangen als Beschützer für ihre Paläste oder für kultische Zeremonien hielten.

Die Rolle der Frauen in der minoischen Kultur wird von den Altertumsforschern unterschiedlich ausgelegt: Die häufigen Darstellungen von Frauen und deren freizügige Mode in der minoischen Kunst interpretieren einige als Kennzeichen einer matriarchalischen Herrschaftsform; anderen erscheinen sie als rein dekorative Attribute einer sich selbst feiernden noblen Gesellschaft.

Zweifellos ist, daß die Frauen der Oberschicht, wie die Darstellungen auf den Fresken zeigen, wichtige Ämter im religiösen und höfischen Leben der Adelsschicht ausübten. Daß sich männliche minoische Herrscher nicht selbst in Kunstwerken verewigen ließen, wie es zur gleichen Zeit bei den Hethitern und Ägyptern der Fall war, bleibt erstaunlich und rückt die Epoche der minoischen Kultur von neuem in ein rätselhaftes Licht.

Rechts: *Im Palast von Knossos sind an den Wänden des restaurierten Lichtschachtes im ersten Stock des Westflügels Freskenrekonstruktionen zu sehen. Die Originale befinden sich heute im archäologischen Museum von Iraklion. Eine bedeutsame Rolle spielte in der minoischen Kunst die Pflanzenwelt. Pflanzengattungen* (rechts unten) *wie die Lilie, deren Wuchs schon von Natur aus regelmäßig ist und sich daher für ornamentale Gestaltung anbietet, wurden bevorzugt dargestellt.*

Oben links: *Westflügel, Aufgang*
Oben rechts: *Ansicht von Westen.*
Das berühmte Stierspringer-Fresko (um 1500 v. Chr.) aus dem Ostflügel des Palastes (rechts) *zeigt in verschiedenen Phasen den waghalsigen Sprung eines Mannes (mit brauner Hautfarbe) und zweier Frauen (mit weißer Hautfarbe) über die Hörner eines heranrasenden Stieres. Diese akrobatische Übung ist auch auf Siegeln und Steingefäßen dargestellt. Evans erkundigte sich bei spanischen Stierkämpfern, ob im „minoischen“ Stiersprung die Vorläufer des modernen Stierkampfes zu sehen seien. Die Matadore schlossen jedoch aus, daß eine solche akrobatische Leistung ohne tödliche Verletzungen möglich ist. Das rätselhafte Fresko läßt vielfältige Deutungen zu. Zeigte es nur die rein symbolische Überwindung des Stieres? Bot die Minotauros-Legende mit der Opferung von Menschen eine mögliche Erklärung? Oder waren es kultische Darstellungen professioneller Akrobaten? Da der Stier nachweislich ein heiliges Tier der Minoer war, ist es wahrscheinlich, daß die Spiele religiöse Bedeutung hatten.*
In den Magazinen im Westflügel des Erdgeschosses fand Evans über 400 tönerne Vorratsgefäße für Öl und Wein, sogenannte Pithoi-Krüge (rechts unten)*. Zudem legte er 98 steinerne Behälter („Kaseles“) unter dem Fußboden frei, die innen mit Blei ausgeschlagen waren. Wahrscheinlich dienten sie der Aufbewahrung besonders kostbarer Gegenstände.*

Oben: *Der in Freskotechnik bemalte Kalksteinsarkophag von Agia Triada ist der einzige seiner Art, der bisher auf Kreta entdeckt wurde. Er entstammt dem Kammergrab eines minoischen Prinzen, das südlich der Tholosgräber von Agia Triada gefunden wurde, und gehört dem Ende der spätminoischen Zeit (14. Jh. v. Chr.) an. Die sehr gut erhaltenen Fresken stellen detailreich Bestattungszeremonien während eines fürstlichen Begräbnisses dar. Links sind zwei Schäfte mit Doppeläxten sichtbar, zwischen denen eine Frau ein Gefäß entleert. Möglicherweise handelt es sich bei der Flüssigkeit um das Blut des Stieres, dessen Opferung auf der anderen Längsseite des Sarkophags gezeigt ist. Auf der rechten Seite (im Bild nicht sichtbar) steht eine männliche Gestalt ohne Arme und Beine. Vermutlich handelt es sich um die symbolische Darstellung eines Toten, welcher Opfergaben entgegennimmt, die ihm von drei fellbekleideten Männern gereicht werden. Die Darbringung eines Schiffes sollte dem Verstorbenen offensichtlich den Übergang in das Totenreich ermöglichen.*

Rechts: *Agia Triada, das nach der Dreifaltigkeitskirche eines in seiner Nähe liegenden, verlassenen Dorfes benannt ist, befindet sich etwa 3 km westlich von Phaistos (Festos). Beide Orte waren einst durch eine gepflasterte Straße verbunden. Wie Agia Triada in der Antike hieß, ist bis heute unbekannt. Lange wurde angenommen, daß es die Sommerresidenz der Herrscher von Phaistos gewesen sei. Die reichen und kostbaren Funde, darunter der Prinzenbecher, die Schnittervase und das Boxerrhython, welche heute im Museum von Iraklion zu bewundern sind, und die Fresken, welche an Pracht die Wandmalereien von Phaistos deutlich übertreffen, lassen vermuten, daß Agia Triada die eigentliche Residenz der minoischen Herrscher war, während der Palast von Phaistos hauptsächlich als Kultzentrum diente.*
Die Anlage wurde erst 1550 v. Chr., also bedeutend später als der erste Palast von Phaistos erbaut und um 1450 v. Chr. durch Brände zerstört. Wie der nordöstliche Teil der Siedlung zeigt, war in der spätminoisch-mykenischen Periode die Gegend wieder bewohnt. Viele Handwerker und Kaufleute siedelten sich dort an, und es entwickelten sich rege Handelsbeziehungen zu Nordafrika.
Im Unterschied zu den übrigen minoischen Palästen ist Agia Triada kein um einen Zentralhof gebauter Palast, sondern besteht aus zwei im rechten Winkel zueinander stehenden Gebäudekomplexen. Nördlich von ihm befindet sich die einzige spätminoisch-mykenische Marktsiedlung, die bisher auf Kreta gefunden wurde. Die Markthalle gilt als älteste Agora Griechenlands. Die Mykener bauten nach dem Untergang der minoischen Kultur auf den vorhandenen Fundamenten ein sogenanntes Megaron, einen rechteckigen Bau, der als Hauptraum der mykenischen Paläste diente und als Grundform des griechischen Tempels angesehen wird.

Oben: Knossos, Westansicht des Palastes.
Unten und rechts: Gournia, Ruinen des Handwerkerviertels.

Während die Paläste von Knossos und Phaistos den Archäologen wichtige Erkenntnisse über das höfische und religiöse Leben der minoischen Oberschicht vermitteln, gibt die Siedlung Gournia an der Nordküste Einblicke in die Lebensgewohnheiten und Gesellschaftsstrukturen der einfachen Bevölkerung. Die Amerikanerin Ann Boyd legte zwischen 1901 und 1904 die Werkstätten von Tischlern, Zimmerleuten, Töpfern und Webern frei und konnte dabei feststellen, daß die Handwerker-siedlung ihre Blütezeit zwischen 1700–1450 v. Chr. hatte. Die große Anzahl an Werkzeugen und Töpferwaren weist auf ein reges Stadtleben hin. Neben dem Fischfang lebten die Einwohner vor allem vom Handel, welcher unter der Kontrolle des Stadtpalastes stand. Heute findet der Besucher in dem Gewirr der kleinen gepflasterten Gassen nur noch die schulterhohen Mauern der einst zweistöckigen Gebäude. In den kleinen Häusern

lagen im Erdgeschoß Läden und Werkstätten und im zweiten Stock, durch Außentreppen verbunden, die Wohnräume. Die Stadt besaß bereits eine Kanalisation.
Auf dem Hügelplateau stehen die Reste eines Heiligtums und des Palastes mit einem großen vorgelagerten Hof, der wahrscheinlich als Marktplatz diente. Die ganze Architektur der Siedlung erinnert an die Bauweise von älteren Dörfern im heutigen Kreta.

Der Palast von Phaistos (Festos), der zweitgrößte minoische Palast auf Kreta, liegt auf einem Hügel am Rande der Messara-Ebene. Seine erste Bauphase wird in die Zeit um 1900 v. Chr. datiert. Bereits 200 Jahre später wurde er durch ein Erdbeben zerstört. Um 1600 v. Chr. begannen die Minoer auf den alten Fundamenten einen neuen, noch aufwendigeren Palast zu errichten. Dieser wurde jedoch noch vor seiner Fertigstellung während der großen Katastrophe von 1450 v. Chr., deren Ursache bis heute ungeklärt ist, mit den übrigen Palästen zerstört. Während der ersten Ausgrabungen unter dem italienischen Archäologen Federico Halbherr am Anfang dieses Jahrhunderts wurden im Unterschied zu Knossos nur wenige Restaurierungsarbeiten durchgeführt. Die Arbeiten sind bis heute nicht abgeschlossen, da die minoische Wohnsiedlung weit ausgedehnt ist. Die Anlage hat eine ähnliche Architektur wie die meisten minoischen Paläste. Kennzeichnendes Merkmal ist der wahrscheinlich für kultische Spiele genutzte mächtige Zentralhof, um den sich die verschiedenen Gebäudeteile gruppieren. Große Teile des Ostflügels sind zerstört, sie rutschten – wohl durch Erosion – den Steilabhang des Palast-Hügels hinab. An seiner Stelle eröffnet sich heute dem Besucher ein wunderbarer Blick auf die fruchtbare Messara-Ebene.

Rechts: *Der aufsehenerregendste Fund auf dem Palastgelände von Phaistos und eines der rätselhaftesten minoischen Fundstücke überhaupt ist der berühmte Diskos von Phaistos, der 1908 in einer Kammer des Palastes entdeckt wurde. Schon die zeitliche Einordnung des Fundes ist umstritten, da es nicht sicher ist, ob seine Herstellungszeit mit dem Zeitpunkt seiner Aufnahme in die Schatzkammer übereinstimmt.*
Da die Bronzeaxt von Arkalochori (1700–1600 v. Chr.) mit sehr ähnlichen Schriftzeichen bedeckt ist, tendieren einige Forscher dazu, auch den Diskos in diesen Zeitabschnitt einzuordnen.
Die Tonscheibe mit 16 cm Durchmesser ist auf beiden Seiten mit 45 eingestempelten Zeichen der hieroglyphenartigen Linear-A-Schrift versehen, die als frühestes Beispiel vorantiker Druckschrift gilt. Weder die Herkunft, noch der Zweck, noch die Sprache, die Schriftrichtung oder das Schriftsystem des Diskos sind bisher wegen fehlender Vergleichslesung entschlüsselt worden. Vermutlich handelt es sich bei den spiralförmig verlaufenden Schriftzeichen um eine Silbenschrift, bei der jedes Zeichen eine Silbe verkörpert und die daraus zusammengesetzten Wörter durch senkrechte Unterbrechungslinien voneinander getrennt sind. Einige Forscher vertreten die Ansicht, daß es sich bei dem Text um einen religiösen Hymnus handeln könnte, da in den Wiederholungen von Zeichenpartien gleichsam ein Refrain zu erkennen ist.

Rechte Seite unten: *Phaistos mit Blick auf die einem Doppelhorn ähnelnde Silhouette des Ida.*

Im archäologischen Museum von Chania sind zahlreiche Funde aus Westkreta zu besichtigen, wie diese Sarkophage (oben) *aus spätminoischer Zeit von 1400–1200 v. Chr. aus der Nekropole Armeni bei Rethymnon, welche mäanderförmige Muster, Meeresmotive und Jagdszenen schmücken. Der minoische Brauch, die Toten in Hockstellung in Sarkophagen zu bestatten, reicht in prähistorische Zeit zurück. Es sind jedoch nur wenige Sarkophage aus der Älteren Palastzeit und der ersten Phase der Jüngeren Palastzeit erhalten, da sie aus Holz gezimmert waren. Erst später begannen die Minoer, sie aus Ton zu fertigen.*

Rechts: *Nur wenige Meter vom Meer entfernt liegt Kato Zakros, der kleinste der minoischen Paläste. Ein kretischer Bauer entdeckte die zwischen 1600 und 1550 v. Chr. erbaute Anlage, als er ein Gewächshaus errichten wollte und dabei auf die minoische Siedlung stieß. Der britische Archäologe Hogarth begann mit den Ausgrabungsarbeiten, die seit 1962 durch den griechischen Archäologen Nikolaos Platon fortgesetzt wurden. Nach seiner Zerstörung 1450 v. Chr. wurde der Palast nicht wieder aufgebaut und geriet in Vergessenheit. Letzteres erwies sich als Vorteil für die Archäologen, weil er ungeplündert*

blieb. Dies erklärt auch die besonders kostbaren Funde wie den Rhython aus Bergkristall.
Den außergewöhnlichen Wasserreichtum der Gegend nutzten offensichtlich schon die minoischen Bewohner des Palastes: In der Anlage befinden sich viele Zisternen und Brunnen; in einem der Wasserbecken haben sich sogar 3000 Jahre alte Oliven gehalten. Eine Besonderheit von Kato Zakros ist der Metallschmelzofen für Bronze. Kupfer und Zinn, die beiden Bestandteile von Bronze, wurden aus Zypern und Kleinasien importiert. Daneben wurde auch Elfenbein eingeführt, was durch die Entdeckung von Elefantenstoßzähnen auf dem Palastgelände belegt ist. Kato Zakros hatte enge Handelsverbindungen zu Knossos; zudem betrieb es intensiven Handel mit Kleinasien und Ägypten. Im Südflügel entdeckten die Forscher Werkstätten und Magazine, in denen kostbares Bergkristall bearbeitet wurde. Im Nordflügel gab es eine weitere Überraschung für die Archäologen: Hier fand man, einzigartig für einen minoischen Palast, eine Küche mit darüberliegendem Speisesaal.

DORER
RÖMER
BYZANTINER

Ab dem 13. Jahrhundert v. Chr. wurde der gesamte östliche Mittelmeerraum Schauplatz einer gewaltigen Völkerbewegung, in deren Folge eine umfassende Umwandlung der ganzen ägäischen Welt stattfand. Höhepunkt dieser Völkerwanderung war das Vordringen der Dorer, deren Heimat vermutlich das heutige albanisch-dalmatische Küstengebiet gewesen ist. Von dort aus zogen sie ab dem 12. Jahrhundert v. Chr. über Mittelgriechenland, nahmen den gesamten Peloponnes in Besitz und drangen über die Sporaden und Kykladen bis nach Kreta und zur kleinasiatischen Küste vor. Die Ankunft dieses kriegerischen Volkes führte im griechischen Kulturraum zur Ablösung der Bronzezeit durch die Eisenzeit und zu tiefgreifenden sozialen, politischen und kulturellen Veränderungen.

In Homers *Odyssee* findet sich eine Beschreibung der politischen Beziehungen während der dorischen Herrschaft. Die Sagen vom Fall Trojas und den Irrfahrten des Odysseus berichten zwar von lang zurückliegenden Ereignissen aus der Blütezeit der mykenischen Herrschaft, Homer kleidet sie jedoch in die ihm bekannten Verhältnisse der ägäischen Welt aus der Zeit um 800 v. Chr ein, die den Stempel der Dorer trug. Der altgriechische Originaltext spricht dabei nicht von Kreta als einer Einheit, sondern von vier Kretas (Kretai), die sich in Bevölkerung und Sprache unterscheiden. „Kreta ist ein Land inmitten des purpurnen Meeres, fruchtbar und schön und ringsumströmt. Es leben dort viele Menschen, ja ungezählt und neunzig Städte sind drinnen. Allerlei Sprachen sind dort gemischt: Hier hausen Achaier, dort die Urbewohner voll Stolz, dort wieder Kydonier, Dorier auch, dreistämmig und schließlich erlauchte Pelasger" (Homer, *Odyssee*, XIX, 172).

Mauersteine der archäologischen Ausgrabungsstätte Falassarna.

Als besonders rätselhaft erscheinen die Pelasger, deren Herkunft nicht eindeutig bestimmt werden kann. Man nimmt an, daß sich ihre Heimat in vorgriechischer Zeit im östlichen Thessalien (Pelasgiotis) befunden hat. Der Überlieferung zufolge soll sie der ägyptische Pharao Ramses III. zusammen mit anderen Seevölkern aus dem Nildelta bis an die Küste Palästinas vertrieben haben, dem sie den Namen gaben. Als „Plethi" werden sie mit den „Krethi" in der Bibel als Palastwache König Salomons erwähnt. Die Kydonier dagegen, in denen Reste der mykenisch-achäischen Bevölkerungsgruppe vermutet werden, wichen in den äußersten Westen der Insel zurück, während die sogenannten Eteokreter, die „echten Kreter" bzw. minoischen Ureinwohner, nach Süden und Osten in die unwegsamsten Gebiete der Insel flohen.

Die dorischen Eroberer waren ein Kriegsvolk, das im Bereich der Kampftechnik eiserne Waffen als entscheidende Neuerung mitbrachte. Aufgrund ihrer überlegenen Ausrüstung unterwarfen die Dorer ohne große Hindernisse die reichen Stadtstaaten in den fruchtbaren Küstenebenen im Norden. Im Unterschied zu ihren Vorgängern, die zumeist bereits bestehende minoische Siedlungen übernahmen, errichteten die dorischen Krieger stark befestigte Stadtburgen auf strategisch günstig gelegenen Bergkuppen und an Hängen entlang der kretischen Küste.

Obwohl während der dorischen Herrschaft auf Kreta die Keramik noch längere Zeit mykenisch oder orientalisch beeinflußt blieb, wurden in der Vasenmalerei vermehrt griechische Göttergestalten und Sagen als Bildmotive verwendet. Viele künstlerischen Zeugnisse der ersten Jahrhunderte dorischer Herrschaft auf Kreta bestätigen eine Fortdauer älterer kultureller Traditionen, die vor allem in den südlichen, östlichen und westlichen Bergregionen lebendig blieben. Der griechisch-dorische Einfluß konnte sich nur allmählich auf der gesamten Insel durchsetzen. Archäologische Funde in der Höhle von Inatos, die der kretischen Fruchtbarkeitsgöttin Eileithyia geweiht war, zeigen, daß ihr noch lange nach Ankunft der Dorer Opfergaben dargebracht wurden. Die Geburtsgöttin wurde also in patriarchalischer Zeit weiterhin verehrt, ein Zeichen dafür, daß sich ältere minoische Überlieferungen und Glaubensvorstellungen trotz der neuen Herrschaft halten konnten.

Die Dorer brachten nicht nur die Kunst der Eisenverarbeitung mit. Sie führten auch ein neues Gesellschaftssystem ein, das sich von den vorhergehenden sozialen Strukturen grundlegend unterschied und mit dem eine strenge Militärhierarchie Einzug hielt.

Die Dorer verstanden sich ausschließlich als Krieger und lehnten jegliche körperliche Arbeit ab. Schon in der Kindheit machte man sie mit dem Geist der spartanischen Lebensweise vertraut: Ab dem 8. Lebensjahr wurden die

Knaben in Gruppen erzogen. Die gemeinsamen Mahlzeiten der Männer bis zum 30. Lebensjahr, sogenannte Syssitien, ersetzten das Familienleben. Jeglicher Luxus war verpönt; nur Jagd- und Waffenübungen galten als angesehene Tätigkeiten. Ein kretisches Kampflied, das dem Kreter Hybreas – von seinem Namen leitet sich der Begriff „Hybris" (Vermessenheit) ab – zugeschrieben wird, besingt den Krieger als den „Herrn der Untertanenschaft", vor dem sich aus Furcht vor der Gewalt seiner Waffen „alle ducken müssen". Für die durchschnittlich etwa tausend Bürger einer dorischen Stadt war demnach eine bedeutende Anzahl von Bauern und Handwerkern erforderlich, um den Lebensstandard der adligen Führungsschicht zu gewährleisten. Die sogenannten Periöken, d. h. die „Umwohner", lebten zwar ohne Bürgerrecht, aber in relativer Unabhängigkeit außerhalb der Stadtmauern oder in den Hafenorten. Im täglichen Leben waren sie durch Gesetze vor Willkür und Übergriffen geschützt. Die Kampfspiele der dorischen Jugend auf Kreta richteten sich nicht wie in Sparta gegen die unterworfene Bevölkerung.

Gefördert wurde die Assimilation der verschiedenen Kulturen durch Gesetze, welche für ihre Zeit als vorbildlich bezeichnet werden können. Am Anfang des 5. Jahrhunderts v. Chr. als der allmähliche Niedergang der dorischen Herrschaft einsetzte, wurde eine Sammlung solcher Vorschriften – sie betrafen hauptsächlich Fragen des Erb- und Familienrechts – in Gortyn in Stein gemeißelt. Die 17 000 archaischen Zeichen erschienen Jahrhunderte später auch den römischen Eroberern so verehrungswürdig, daß sie die Tafeln in das von ihnen in Gortyn errichtete Odeon einbauten und damit der Nachwelt überlieferten.

Die Einführung solcher Gesetze erscheint umso erstaunlicher, wenn man die kriegerische Grundeinstellung der Dorer berücksichtigt. Geriet beispielsweise ein freier Bürger in Schulden, so durfte ihm laut der Inschrift auf den Gesetzestafeln ein Mindestmaß an Besitz, bestehend aus Wohnung, Kleidung und Werkzeug zum Ackerbau nicht gepfändet werden.

Eine freie Frau durfte in jener Zeit einen Periöken, also einen Hörigen, heiraten. Blieb sie mit ihm auf ihrem angestammten Besitz, so galten ihre Nachkommen als frei. Nur wenn sie ihrem Mann in die Fremde folgte, wurden auch ihre Kinder zu Hörigen. Die herausgehobene gesellschaftliche und wirtschaftliche Stellung der Frauen mag durch den Einfluß minoisch-matriarchalischer Überlieferungen erklärbar sein.

Ungeachtet des Verbots, Waffen zu tragen, waren die Periöken zur Hilfeleistung im Kriegsfall verpflichtet. Ihre militärische Ausrüstung bestand vorzugsweise in der traditionellen kretischen Waffe, dem Bogen. Noch in klassischen Geschichtsquellen, bei Thukydides und Platon, werden kretische Hilfstruppen als Bogenschützen, später als Bogenkämpfer zu Pferd bezeichnet. Rebellen, die sich gegen die dorische Herrschaft auflehnten, mußten mit strengen Strafen rechnen. Sie konnten – je nachdem, wie heftig sie Widerstand leisteten – zur Zwangsarbeit in Bergwerken oder auf Galeeren verpflichtet oder als Landarbeiter versklavt und verkauft werden.

Dem Beginn der klassischen Epoche auf dem griechischen Festland stand auf Kreta der einsetzende Niedergang der dorischen Stadtstaaten gegenüber. Die militärischen Machthaber lehnten die neuen demokratischen Entwicklungen der übrigen griechischen Völker ab und verharrten in ihren überlieferten Lebensformen. Der Verfall vollzog sich zunächst langsam, seit dem 4. Jahrhundert v. Chr. jedoch verstärkt und machte sich u. a. bemerkbar durch Fehden zwischen den einzelnen Stadtstaaten, durch Kämpfe gegen griechische Invasoren anderer Stämme, Bürgerkriege und Raubzüge. Gleichzeitig büßte Kreta seine Vormachtstellung im Seehandel ein.

Aber selbst, als die meisten kretischen Stadtstaaten längst zu Piratennestern verfallen waren, blieb das dorische Lato, eine für seine archaische Strenge berühmte Polis, den überlieferten Regeln treu. Anhänger des Philosophen Epikur, der ein glückliches Leben in Zurückgezogenheit anstrebte, wurden als Genußmenschen aus der Stadt verwiesen.

Im 3. Jahrhundert v. Chr. begannen – zunächst auf dem Festland – die innergriechischen Auseinandersetzungen, die den baldigen Sieg der neuen Weltmacht Rom begründen sollten. Makedonien verbündete sich im 2. Punischen Krieg (218–201 v. Chr.) mit Karthago; Sparta indessen stand auf der Seite Roms. Die kretischen Städte schlossen sich mit König Philipp V. von Makedonien zusammen. Ihm gelang es, wenn auch nur für kurze Zeit, Kreta in einem Bundesstaat, dem „Koinon der Kreter", zu einigen. Nach seiner Niederlage erschienen 184 v. Chr. die römischen Eroberer auf Kreta. Es sollte aber mehr als 100 Jahre dauern, bis der römische Feldherr und Prokonsul Quintus Caecilius Metellus die Insel endgültig unterwerfen konnte. Den Anlaß dazu bot ein Angriff kretischer Piraten auf die römische Hafenstadt Ostia, der bereits Anfang des 2. Jahrhunderts v. Chr. stattgefunden hatte. Zwischen 69 und 67 v. Chr. schleiften die Römer während ihres großen Vergeltungszuges die kretischen Burgen. Nach seinem Sieg erhielt Metellus den Beinamen „Creticus". Nachdem in der römischen Herrschaftsepoche Kreta der Provinz Cyrenaika einverleibt wurde, stieg Gortyn zur Hauptstadt und zum Sitz eines römischen Prätors auf. Sie wurde zu einer blühenden Stadt mit Theatern, Tempeln und Thermen ausgebaut. Kreta wurde durch ein Wasserleitungs- und Straßennetz erschlossen, wodurch die Landwirtschaft einen besonderen Aufschwung erfuhr. Der intensive Getreideanbau in der Messara-Ebene ermöglichte nun Exporte bis nach Rom.

Das Christentum hielt in dieser Zeit Einzug auf Kreta. Während eines Aufenthaltes auf Kreta beauftragte der Apostel Paulus seinen Begleiter Titus mit der Christianisierung der Insel. Der Apostel befand sich, von einem Zenturion bewacht, auf dem Weg nach Rom, weil er, der Volksverhetzung angeklagt, an den römischen Kaiser appelliert hatte. In Kreta waren Paulus und seine Begleiter an der Südküste bei Kali Limenes an Land gegangen (Apg. 27,7). Biblischen Überlieferungen zufolge soll Paulus' Vertrauter Titus auf Kreta bis ins hohe Alter als Bischof gewirkt haben. Noch heute verehren ihn die Kreter als Schutzheiligen der Insel.

Während der raschen Verbreitung des Christentums auf Kreta kam es schon bald zu heftigen Auseinandersetzungen innerhalb der kretischen Gemeinde. So mahnte Paulus in einem ihm zugeschriebenen Brief den Bischof Titus, gegen christliche Irrlehrer konsequenter vorzugehen: „Diese Menschen muß man zum Schweigen bringen, denn aus übler Gewinnsucht zerstören sie ganze Familien mit ihren falschen Lehren. Einer von ihnen hat als ihr eigener Prophet gesagt: ‚Alle Kreter sind Lügner und faule Bäuche, gefährliche Lügner'. Darum weise sie streng zurecht, damit ihr Glaube wieder gesund wird" (Tit. 1,11-13).

Mit der Christianisierung begannen auf Kreta auch die Christenverfolgungen. Davon zeugt der Ort Agii Deka bei Gortyn, dessen Name „Die zehn Heiligen" bedeutet und an die Märtyrer erinnert, die von den Römern dort hingerichtet wurden, weil sie sich geweigert hatten, an der Einweihung des Tempels der Stadtgöttin Tyche teilzunehmen.

Nach der Einführung des Christentums als Staatsreligion und der Teilung des Römischen Reiches 395 n. Chr. stand Kreta unter der Oberhoheit des oströmischen Reiches. Die Byzantiner bauten die Insel zu einem militärischen Stützpunkt aus. Dank ihrer Lage zwischen Europa und Afrika als Vorposten des Byzantinischen Reiches kam ihr eine besondere strategische Bedeutung zu. Die bestehenden römischen Verwaltungsinstitutionen gingen mit den byzantinischen Einrichtungen eine neue Verbindung ein und Gortyn blieb Hauptstadt. Die ersten Jahre der christlich-byzantinischen Epoche verliefen friedlich, und das Christentum konnte sich nun frei auf Kreta ausbreiten. Zahlreiche Kirchen entstanden, hauptsächlich an der dicht besiedelten Nordküste. Offensichtlich bestand noch keine Angst vor Überfällen.

Als architektonische Hauptform des Kirchenbaus dieser Zeit setzte sich die frühchristliche Basilika durch, deren Bau sich aus den ästhetischen Vorstellungen der Spätantike ableitete. Die rechteckigen, von Ost nach West ausgerichteten Kirchen waren dreischiffig angelegt, und Säulenreihen trennten die einzelnen Gebäudeteile voneinander. Das Peristyl, der westliche Vorraum, sollte den Gläubigen darauf vorbereiten, in die Vorhalle, den sogenannten Narthex einzutreten, der schließlich in die eigentliche Kirche führte. An den Hauptraum schloß sich östlich der Altarraum an, der nur von den Priestern betreten werden durfte.

Eine erste Blütezeit erreichte der Kirchenbau unter Kaiser Justinian I. (527–565). Eines der wenigen erhaltenen Baudenkmäler jener Epoche ist die Titus-Basilika in Gortyn. Der teilweise noch erhaltene Bau weist einen dreischiffigen Grundriß mit Querhaus und Vierungskuppel auf. Aus dieser ersten byzantinischen Epoche sind nur vereinzelt Kulturdenkmäler überliefert, wofür es verschiedene Ursachen gibt: Sowohl die Zerstörungen aus der Zeit der nachfolgenden Araberherrschaft, als auch der als Ikonoklasmus bekannte Bilderstreit, welcher das gesamte Byzantinische Reich zwischen 730 und 780 erfaßte, hatten zu hohen Verlusten geführt. Das staatliche Verbot der Ikonenanbetung hatte ebenfalls die Zerstörung zahlreicher Kunstwerke zur Folge. Kirchenbesitz wurde konfisziert, und die Kirchen mußten ohne bildhafte Darstellungen ausgemalt werden.

824 floh der Sarazenenführer Abu Haf Omar aus Spanien an die Südküste Kretas. Kretische Legenden berichten, daß er bei seiner Ankunft seine Schiffe verbrennen ließ, um den eigenen Leuten jegliche Möglichkeit der Rückkehr zu nehmen. Die Sarazenen wählten als ihre Hauptstadt nicht mehr das südlich gelegene Gortyn, sondern gründeten Rabd el Chandak im Norden, das spätere Candia und heutige Iraklion.

Ob unter der Sarazenenherrschaft tatsächlich Massenislamisierungen stattfanden, bleibt nach wie vor umstritten. Zweifellos wurde das Christentum auf der Insel zurückgedrängt. Die Bevölkerung hatte unter der neuen Herrschaft zu leiden und mußte harte Fronarbeit verrichten. Viele Einwohner flohen in die unwegsamen Bergregionen, um von dort aus gegen die neuen Eindringlinge zu kämpfen. Wiederholte Rückeroberungsversuche der Byzantiner verhinderten eine kulturelle Blüte der Sarazenenherrschaft, wie sie aus Spanien bekannt ist.

Die fast anderthalb Jahrhunderte währende Herrschaft bedeutete einen Tiefpunkt in der Geschichte Kretas. Weder herrliche Moscheen noch nennenswerte Kunstwerke sind aus dieser Zeit erhalten.

Die Rückeroberung der Insel durch den byzantinischen General Nikephoros Phokas im Jahre 961 beendete die über hundertjährige Sarazenenherrschaft und leitete die zweite byzantinische Epoche ein. Mit einer riesigen Streitmacht ging der oströmische Heerführer westlich von Rabd el Chandak an Land. Nach fast sechsmonatiger Belagerung gelang es ihm, die Hauptstadt einzunehmen. Er vernichtete eine an der Südküste gelandete arabische Entsatzarmee, die mit 40 000 Mann nach Norden marschierte. Zeitgenössischen Berichten zufolge wurden die Byzantiner über das Herannahen des Feindes gewarnt. Sie lockten die Sarazenen in einen Hinterhalt und metzelten sie bis auf den letzten Mann nieder.

Danach stellte man die Köpfe der erschlagenen Araber in zwei Kreisen um die Mauern von Rabd el Chandak zur Schau oder verschoss sie als Katapultmunition.

Nach der Eroberung wurde die sarazenische Festung in Chandax umbenannt und unter der neuen byzantinischen Herrschaft zur Hauptstadt Kretas erhoben. In Chandax, dem heutigen Iraklion, ließen die Byzantiner eine große Kirche erbauen, die dem Heiligen Titus geweiht war. Hierher überführte man das Haupt des Heiligen, welches sich bis dahin in Gortyn befunden hatte. Durch eine auf der ganzen Insel rege Missionstätigkeit kam es zu zahlreichen Klostergründungen. Das orthodoxe Christentum schlug in dieser Zeit auf Kreta so feste Wurzeln, daß es sich gegen alle späteren Eindämmungsversuche bis heute behaupten konnte.

Trotz der vorausgegangenen arabischen Besatzung und der späteren venezianischen Herrschaft ab 1206 blieb die sakrale Kunst selbst nach dem Untergang des Oströmischen Reiches (1453) dem byzantinischen Stil verpflichtet. Die sakrale Kunst erlangte eine besondere Blüte mit den für die Zeit der Komnenen (1081–1185) und der Paläologen (1261–1453) charakteristischen Ausprägungen. In diesen beiden Epochen entstanden die meisten der heute noch erhaltenen mittelalterlichen Fresken.

Apsis der Kreuzkuppelkirche Agios Ioannis bei Trachiniakos (Kandanos), 14. Jahrhundert.

Die häufigen Auseinandersetzungen zwischen Sarazenen und Byzantinern hatten unter der einheimischen Bevölkerung schwere Verluste verursacht. Auf der stark entvölkerten Insel siedelte die byzantinische Regierung Söldnerveteranen und Kolonisten vom griechischen Festland und aus Kleinasien an, denen sie Grundbesitz zuwies. Während der Regierung von Kaiser Alexios I. (1081–1118) wurden um 1092 auf Kreta zwölf adlige Familien eingebürgert, die für sich eine konstantinopolitanische, kaiserliche Herkunft beanspruchten und die Spitze einer künftigen Feudalgesellschaft bildeten. Unter ihnen erlebte Kreta einen wirtschaftlichen Aufschwung: Der Handel blühte und ein neuer Wohlstand macht sich auf der Insel bemerkbar. Die begüterten Adligen förderten auch die Kunst. Ihrem Mäzenatentum ist die Entstehung zahlreicher sakraler Kunstwerke zu verdanken.

Schon Ende des 10. Jahrhunderts entwickelte sich im Sakralbau die für die Ostkirche typische architektonische Form der Kreuzkuppelkirche. Sie folgt dem Grundriß des griechischen Kreuzes mit fünf auf Tambouren ruhenden Kuppeln – über der Vierung und den vier Kreuzarmen – von meist gleicher Höhe und gleichem Durchmesser. Jeder der darunter befindlichen Räume hat symbolischen Charakter. Die Kuppel entspricht dem Himmel. Dort herrscht Christus Pantokrator, der Himmelsfürst, umgeben von Engeln und Propheten. Die Apsiswölbung steht für die Brücke zwischen Himmel und Erde. Dort findet der Betrachter die Fürbitter Christus, Maria und Johannes den Täufer. Der Altarraum ist Ort der mystischen Himmelsvorstellung, an seinen Längswänden werden auf Fresken Märtyrer und Heilige dargestellt. Durch seine Mittelstellung zwischen Himmel und Erde zeigt das Tonnengewölbe neutestamentliche Szenen wie Verkündigung und Geburt Christi. Auf der Westwand finden sich Fresken zum Jüngsten Gericht. In den ländlichen Gebieten dominieren keine Kreuzkuppelkirchen, sondern einfache Einraumkirchen.

Sosehr die Kunst von den byzantinischen Herrschern gefördert wurde, für den überwiegenden Teil der kretischen Bevölkerung änderte sich nur wenig. Die drückenden Steuerlasten blieben bestehen. Nach 1100 flammten erneut Unruhen auf. Mit Unterstützung italienischer Handelsstädte wie Genua und Venedig lehnte sich die unzufriedene Bevölkerung gegen die byzantinischen Herrscher auf.

Gegenüberliegende Seite und oben: *Lato mit der dorischen Burgruine bei Kritsa (Ostkreta); erhaltene Reste aus dem 7.–4. Jh. v. Chr.*

Die von den Dorern gegründete Stadt Lato war seit dem 7. Jh. v. Chr. eine der reichsten Siedlungen Kretas. Die heute auf den Hängen des Akropolis-Hügels sichtbaren Ruinen stammen überwiegend aus klassischer und hellenistischer Zeit.
Läden und kleine Wohnräume des Handwerkerviertels säumen den Weg zum Marktplatz. Auf der Agora, dem öffentlichen Versammlungsplatz, befinden sich eine große Zisterne und das Heiligtum der Lato, der Mutter des Apoll, die der Stadt ihren Namen gab. Ein antike Schautreppe führt hinauf zu den Räumen des Prytaneion, des Rathauses aus dem 3. Jh. v. Chr. (oben). *Von diesem Punkt aus ist die Agora gut zu überblicken. Zuschauer bei Kulthandlungen fanden hier einst einen Sitzplatz. Die Schautreppe kann daher als Vorläufer des antiken Theaters angesehen werden.*

Im Unterschied zu den minoischen Palästen, die keinerlei Befestigungen aufweisen, zeichnen sich die dorischen Burgen durch meterdicke Mauern und massive Wehrtürme aus. Zur besseren Verteidigung und um vom Meer herannahende Feinde rechtzeitig erkennen zu können, legten sie ihre Festungen auf Bergrücken an.

Links oben: *Inschrift mit dem Stadtrecht von Gortyn (500–450 v. Chr.).*
Unter den kriegerischen Dorern erlebte die Stadt Gortyn ihre Blütezeit. Berühmtestes Relikt dieser Zeit sind ihre in Stein gemeißelten Zivil- und Strafrechtsvorschriften. Die Römer bauten im 1. Jh. v. Chr. die beschrifteten Steinquader, die ursprünglich in einem Prytaneion standen, in ihr Odeon in Gortyn ein, wo sie bis heute zu bewundern sind. Die in einem alten dorischen Dialekt verfaßten Gesetzestexte bestehen aus etwa 17 000 Buchstaben in 12 Kolumnen mit je 52 Zeilen. Interessant ist die Schreibrichtung, die immer abwechselnd von links nach rechts und von rechts nach links

verläuft und als Bustrophedon, d. h. „wie die von Ochsen gezogene Pflugschar", bezeichnet wird. Die Zeilen des Textes, welche rechts beginnen, sind in Spiegelschrift eingraviert. Bemerkenswert ist der Inhalt des Stadtrechts, bei dem auf die Todesstrafe verzichtet wurde und die Frauen eine relativ hohe vermögensrechtliche Stellung einnahmen.

Links unten: *Kessel mit Greifenköpfen aus dorischer Zeit (725–650 v. Chr.). Intensive Handelsbeziehungen mit dem Orient und dem griechischen Festland beeinflußten die Wahl der Themenbereiche in der dorischen Kunst, die besonders in der Keramik vom orientalisierenden Stil geprägt ist.*

Rechts oben: *Sechs Kilometer südlich von Kastelli Kissamos liegt auf einer über 300 m hohen Bergkuppe die dorische Burg von Polyrrhenia (8. Jh. v. Chr.). Das antike Polyrrhenia, dessen Name „Viele Herden" bedeutet, blieb lange eine der wichtigsten Siedlungen in Westkreta. Ein Großteil der heute sichtbaren Mauerreste ist venezianischen Ursprungs.*

Rechts unten: *Athene-Figur mit Helm aus der archaischen Epoche (7.–6. Jh. v. Chr.). Die Tonfigur, die im Votiv-Depot eines Heiligtums auf der Akropolis von Gortyn entdeckt wurde, befindet sich heute im archäologischen Museum in Iraklion.*

Oben: *Auf den Fundamenten der frühchristlichen Hallenkirche Agios Titos in Gortyn wurde in byzantinischer Zeit unter Kaiser Justinian I. (527–565) eine dreischiffige Basilika in Form eines Kreuzes mit Vierungskuppel und Apsiden am Querhaus errichtet. Die Basilika, von der nur das Tonnengewölbe des östlichen Teiles erhalten geblieben ist, zählt zu den bedeutendsten frühchristlichen Baudenkmälern Kretas.*
Als der römische Feldherr Quintus Caecilius Metellus 67 v. Chr. Kreta eroberte, erhob er Gortyn zur Inselhauptstadt. Nach einem kurzen Aufenthalt des Apostels Paulus im Jahr 59 n. Chr. und der Einsetzung seines Begleiters Titus zum ersten Bischof der Insel entwickelte sich Gortyn zum Zentrum des frühen Christentums.

Links unten: *Die im 5./4. Jahrhundert v. Chr. gegründete Stadt Falassarna an der Westküste Kretas wurde verlassen, als sich im 4. oder 6. Jahrhundert n. Chr. die Küste durch tektonische Bewegungen um 7–9 m anhob, während ein Teil der Ostküste im Meer versank. Die Hafenanlage fiel dadurch trocken und war für die Schiffahrt nicht mehr nutzbar. Die heute sichtbaren Ruinen stammen aus hellenistischer und römischer Zeit.*

Rechte Seite, oben: *Odeon von Gortyn (1. Jh. v. Chr.).*
Während der römischen Herrschaft wurden auf Kreta nicht nur zahlreiche Tempel, Theater und Thermen errichtet, auch die Infrastruktur wurde durch den Bau neuer Straßen verbessert. In den Ruinen von Gortyn kann der Besucher die Pracht der einstigen römischen Inselhauptstadt am besten nachvollziehen. Das relativ gut erhaltene römische Odeon, das vor allem als Theater diente, wurde im 3. und 4. Jahrhundert n. Chr. erneuert.

Rechts: *Das Prätorium in Gortyn war der Sitz des römischen Statthalters. Die heute sichtbaren Reste stammen aus dem 4. Jahrhundert. Die Ruinen einer portikusgesäumten Halle mit drei Apsiden (Basilika), Bäder und einem Tempel erinnern an die römische Besiedlung. Auf dem großen Platz fanden öffentliche Versammlungen und Gerichtsverhandlungen statt.*

Oben links: *Kreuzkuppelkirche Agios Giorgios in Lampini bei Spili (13./14. Jh).*
Die kostbaren Fresken (13./14. Jh.) der von außen sehr schönen, mit Blendbögen geschmückten Kreuzkuppelkirche Agios Giorgos wurden größtenteils durch Brand zerstört. Heute sind nur noch die Konturen der in mehreren Schichten aufgebrachten Wandgemälde zu erahnen. Die Schwärzungen der Wände erinnern an ein schreckliches Ereignis: Während eines Aufstands gegen die Türken im Jahr1827 waren viele Einwohner des Dorfes in die vermeintlich sicheren Mauern von Agios Giorgos geflüchtet. Die Türken entdeckten sie jedoch und steckten die Kirche in Brand, wobei alle Eingeschlossenen ums Leben kamen.

Unten links: *Byzantinische Fresken aus Lampini.*

Unten rechts: *Lüster aus der Kreuzkuppelkirche Lampini.*

Oben Mitte: *Ostfassade der Panagia-Kera-Kirche mit den drei Chorkapellen.*
Die Kirche Panagia Kera in Kritsa ist der berühmteste byzantinische Sakralbau auf Kreta. Im 12. Jahrhundert bestand sie nur aus einem einzigen überkuppelten Raum. An das Mittelschiff, das der Gottesmutter Panagia geweiht ist, wurden

später zwei Seitenschiffe mit Tonnengewölbe hinzugefügt und im 14. Jahrhundert durch Strebemauern verstärkt. Da die Innenräume in verschiedenen Phasen ausgemalt wurden, kann hier die Entwicklung der byzantinischen Freskenmalerei von der Mitte des 13. bis ins 15. Jahrhundert nachvollzogen werden.

Oben rechts: *Kreuzkuppelkirche des Erzengels Michael (Anfang des 14. Jh.) in Aradena (Sfakia) mit Fresken aus dem 16. Jahrhundert.*

Rechts unten: *Agios Ioannis-Kirche in Trachiniakos, ein Reiterheiliger.*

Links unten: *Agios Ioannis-Kirche in Trachiniakos (14. Jh.), Freskenzyklus.*
In der Kirche Agios Ioannis im Südwesten Kretas (Eparchie Selino) finden sich Darstellungen aus der Schule des berühmten Freskenmalers Ioannes Pagomenos (1313–1332), der sich noch an der Kunst der Paläologenzeit orientiert. Kräftige weiße Linien betonen die Konturen der Apostel an der Seitenwand, deren Gewänder weiß gehöht sind.

Oben: *Innenraum der Kreuzkuppelkirche Agios Ioannis bei Koufos (Westkreta).*
Die Kirche Agios Ioannis wurde im 14. Jahrhundert auf den Ruinen eines Vorgängerbaus errichtet. Die Fresken im Innenraum des Gotteshauses sind zwar schlecht erhalten, dafür aber beeindruckt der harmonische Bau durch die wohlgeformten Apsiden und das stimmungsvolle Licht, das durch die Kirchenfenster ins Innere dringt.

Links: *Kloster Vrondisi, Abendmahlsfresko. Das Kloster, dessen genaue Gründungszeit unbekannt ist, liegt auf einem Hügel am südöstlichen Rand des Psiloritis und ist Antonius, dem Schutzheiligen der Mönche, geweiht. Vermutlich wurde es noch vor der 2. byzantinischen Periode (981–1204) erbaut. Vrondisi zählte in der Zeit der „kretischen Renaissance" zu den wichtigsten Zentren der Wissenschaft und Kunst und war in den letzten Jahrhunderten der Venezianerherrschaft für die kulturellen Leistungen seiner Mönche berühmt. Michail Damaskinos, der herausragende Vertreter der kretischen Schule, schuf hier zwischen 1579 bis 1584 sechs seiner bekanntesten Ikonen, die heute im Ikonenmuseum von Irak-lion zu besichtigen sind. Im Südteil der zweischiffigen Kirche haben sich wertvolle Wandmalereien erhalten, wie die hier abgebildete Abendmahlszene in der Apsis.*

Der Niedergang des Klosters Vrondisi begann mit der Türkenherrschaft, als es zur Zufluchtsstätte kretischer Freiheitskämpfer wurde.

Oben: *Fresko des hl. Nikolaos aus der Kreuzkuppelkirche Agios Nikolaos. Die einschiffige Kreuzkuppelkirche bei Moni aus dem 14. Jahrhundert hat neben dem einzigartigen, freistehenden Glockenturm noch andere Besonderheiten: Sie enthält Fresken, die dem berühmten Ioannes Pagomenos zugeschrieben werden. Besonders eindrucksvoll ist das überlebensgroße Porträt des Kirchenpatrons an der rechten Seitenwand.*

Rechts: *Mönch aus dem Kloster Vrondisi.*

BYZANTINISCHES ERBE UND ORTHODOXIE HEUTE

Im Mittelalter ließ sich der oströmische Kaiser als Verwalter Gottes auf Erden verehren. Die byzantinische Kirche war also von jeher eine Staatskirche. Das gilt bis heute. Kaum ein Staatsakt findet ohne Anwesenheit kirchlicher Würdenträger oder den kirchlichen Segen statt. Kirche und Staat bilden somit auch auf Kreta ein enges Beziehungsgeflecht: Dafür, daß die Kirche dem Staat Teile ihres riesigen Grundbesitzes abgetreten hat, werden die Priester staatlich entlohnt. Da es keine allgemeine Kirchensteuer gibt, lebt die orthodoxe Kirche von den Spenden und Kollekten ihrer Gemeinden. Diese Gelder wiederum müssen versteuert werden.

Die Kirche verfügt auf Kreta über ein erhebliches Machtpotential, und der Einflußbereich des orthodoxen Klerus reicht weit in das Alltagsleben der Inselbewohner hinein. Ein Beispiel dafür ist die Tatsache, daß noch bis 1983 ausschließlich kirchlich geheiratet werden konnte. Standesamtliche Trauungen gab es bis dahin nicht. Seit dem Jahr der Eheschließungsreform ist die Zivilehe zwar möglich, aber immer noch nicht als Voraussetzung für eine Heirat notwendig.

Die Kirche Kretas nimmt innerhalb der griechisch-orthodoxen Kirche eine Sonderstellung ein. Zusammen mit dem Berg Athos, den Inseln des Dodekanes und den orthodoxen Christengemeinden in der Türkei untersteht sie der direkten Amtsgewalt des Ökumenischen Patriarchats von Konstantinopel in Instanbul, ist aber in ihrer Verwaltung selbständig. Der Erzbischof residiert in Iraklion, und die insgesamt sieben Bistümer, in die Kreta eingeteilt ist, werden von jeweils einem Bischof geführt. Die Bischöfe gelten als Stellvertreter Christi, und die Priester oder „Papades" ihrerseits vertreten den Bischof vor der Gemeinde. Die Gläubigen werden formell mit den Jüngern Christi gleichgesetzt. So nah wie der Bezug der Jünger zu ihrem Heiland war, so eng wirkt auch der Bezug der Kreter zu ihren Papades.

Die kretische Kirche ist eine echte Volkskirche, die noch in der Tradition des frühen Christentums steht. Kirche, Glauben und Alltag gehen eine enge Verbindung ein und begleiten einander in allen Lebenslagen. Die Gottesdienste laufen zwanglos und ohne Förmlichkeit ab, und kretische Kirchenfeste werden von Angehörigen aller Altersgruppen mit ausgesprochen viel Frohsinn begangen. Die deftige Speisung der Gläubigen mit Reis, Lamm, Wein und geweihtem Brot ist nicht nur für die ärmeren Gemeindemitglieder willkommen, sondern bedeutet für alle Kirchgänger den ersehnten Höhepunkt einer solchen Feier. Neben den großen Kirchenfesten werden überall auf Kreta in den jeweiligen Dorfkirchen und kleinen Kapellen Heiligen- und Märtyrergedenktage begangen.

Priester und Gemeindemitglieder fühlen sich nicht verschiedenen sozialen Schichten zugehörig. Ein Papas wird vor allem wegen seiner Lebenserfahrung geschätzt und gilt durch seine Frömmigkeit und seinen Bezug zu Gott als Vorbild. Er ist weder dem Zölibat unterworfen, noch ist es ihm verboten, Kinder zu haben. Wegen seines meist geringen Verdienstes arbeitet er wie die anderen Kreter seiner Gemeinde auch nebenher, zum Beispiel im Olivenhain oder im Weinberg. Für die höheren kirchlichen Positionen sind das Mönchsgelübde und die Ehelosigkeit dagegen Voraussetzung.

Der Kirchgang ist nicht nur Normalität oder Tradition, die Menschen gehen sogar ausgesprochen gerne in die Kirche. Sie ist Versammlungsort und Informationsbörse, und der äußere Rahmen kirchlicher Feste gleicht häufig fröhlichen Kirmesveranstaltungen, auf denen sich die Dörfler vergnügen.

Die Popularität der orthodoxen Kirche hängt aber nicht nur mit ihrer Volksnähe zusammen, sondern ist vor allem in der kretischen Geschichte begründet. Jahrhundertelang war die Kirche ein Bollwerk im Kampf gegen die venezianische und später türkische Besatzung. Vor allem die Klöster dienten als Schlupfwinkel für Rebellen, als geheime Waffenarsenale, als Versorgungseinrichtungen für Bedrängte und Verfolgte. Für den Nachwuchs wurden insgeheim Schulen eingerichtet. Nur so konnte die griechische Sprache während der Türkenherrschaft lebendig gehalten werden. Während der jahrhundertelangen Fremdherrschaft hat die orthodoxe Kirche nicht nur für den Fortbestand der Kultur gesorgt, sondern auch die staatliche Autorität ersetzt. Sie war das einzige dauerhafte Element, das für Kontinuität in Sprache und Kultur sorgte.

So volksnah die Kirche sich im Alltagsleben der Kreter zeigt, so unnachgiebig ist sie in ihrem Dogma geblieben. Seit dem 2. Konzil von Nicäa (787) hat sich kaum etwas an der orthodoxen Lehre geändert. Die Liturgie folgt althergebrachten Formeln und überlieferten Handlungsabläufen. Die Kirche erweist sich somit als überaus traditionsgebunden. Gegenüber gesellschaftlichen Veränderungen nimmt sie eine konservative Haltung ein, und das ist mit ein Grund, weshalb sich viele junge Menschen zunehmend ihrem Einfluß entziehen möchten.

Die orthodoxen Mönche erstreben spirituelle Ziele. Karitative Leistungen und seelsorgerische Tätigkeiten stehen deutlich im Hintergrund. Die Vergütung der einfachen Priester ist eher bescheiden. Nur wenige junge Männer entscheiden sich unter diesen Voraussetzungen noch für die Priesterlaufbahn.

Taufzeremonie als freudiges Ereignis im Kreis der Familie.

Gegenüber dieser stark dogmatisch orientierten und in ihren Traditionen erstarrten Kirche wirken die wirtschaftlichen Unternehmungen des Bischofs Irinäos aus Westkreta umso moderner. Der mittlerweile fast 90jährige Gottesmann ist bekannt für seinen Ideenreichtum und seine Geschäftstüchtigkeit, durch die er für seine Gemeinden viel erreicht hat. Irinäos gründete die kretische Fährgesellschaft ANEK als volkseigene Aktiengesellschaft. Anlaß dafür war die durch die Fahrlässigkeit einer Reederei hervorgerufene Havarie einer Fähre zwischen Piräus und Kreta, welche über hundert Menschenleben kostete.

Der tatkräftige Bischof fördert durch seine Aktivitäten den Bau von Schulen, wie z. B. die erste Unterrichtsstätte für Hör- und Sprechbehinderte, und ihm ist die Gründung von Altersheimen und von Ausbildungsstätten für Handwerker zu verdanken. Um die orthodoxe Akademie nahe beim Kloster Gonia in Kolimbari ins Leben rufen zu können, organisierte er EU- und Kirchengelder. Seit 1965 dient die Akademie als Ausbildungsstätte für den klerikalen Nachwuchs, als Weiterbildungszentrum für die Bevölkerung und als ökumenische Begegnungsstätte und stellt damit eine außergewöhnliche orthodoxe Einrichtung dar.

Die Bindung der Bevölkerung Westkretas zu ihrem Bischof Irinäos ist sehr stark. Seine Forderung nach sozialer Gerechtigkeit hatte den Kirchenmann schon unter den deutschen Besatzern während des 2. Weltkrieges in Gefahr gebracht. Er sollte als Kommunist hingerichtet werden und konnte mit viel Glück der Exekution entgehen. Nach seinem Studium, das er trotz dieser schrecklichen Erfahrung in Deutschland abschloß, wurde er 1958 zum Bischof des Bezirks Kissamos berufen. 1972 ernannte das Patriarchat von Konstantinopel den unbequemen Kirchenmann mit dem sozialreformerischen Ansatz unter dem Druck des griechischen Militärs zum Metropoliten von Deutschland und schickte ihn nach Bonn. Als 1979 jedoch seine Stelle auf Kreta mit jemand anderem besetzt werden sollte, machte sich Unzufriedenheit bei den Kretern breit. Man forderte unter Protestkundgebungen seine Rückkehr in die westkretische Diözese. Während einer Kretareise wurde er kurzerhand von seinen Anhängern gekidnappt. Das Patriarchat mußte sich schließlich dem Willen der Bevölkerung beugen und setzte ihn 1980 wieder auf seinen angestammten Bischofssitz.

Die Lebensgeschichte dieses so volksverbundenen Gottesmannes ist ein Beispiel gelebter Orthodoxie im ausgehenden zweiten Jahrtausend.

Ostern, Mitternachtsmesse in der Agios Titos Kirche in Iraklion. Für die orthodoxen Christen ist Ostern der Höhepunkt des Kirchenjahres. Da die orthodoxe Zeitrechnung dem alten Julianischen Kalendersystem folgt, wird Ostern etwa zwei Wochen später als bei anderen christlichen Kirchen gefeiert. In der Nacht von Karsamstag auf Ostersonntag versammelt sich die Gemeinde etwa eine Stunde vor Mitternacht zur Auferstehungsfeier in der Kirche. Wenn um Mitternacht der Priester aus dem Allerheiligsten mit dem Osterlicht heraustritt und die Auferstehung des Herrn verkündet, zünden alle anwesenden Gläubigen ihre Kerze an diesem Osterlicht an. In einigen Dörfern wird nach dem Gottesdienst eine Judaspuppe auf einem Scheiterhaufen verbrannt. Beim anschließenden Festmahl, das im engen Familienkreis gefeiert wird, dürfen die Ostereier nicht fehlen: Hartgekochte rot gefärbte Eier, Symbol des Blutes Christi, werden gegeneinander geschlagen. Derjenige, bei dem die Schale unversehrt bleibt, soll Glück für das ganze nächste Jahr haben. Zu den Ostereiern wird die traditionelle Magiritsa gereicht, eine Suppe aus Lamm-Innereien mit Zitrone und Dill. Die 40tägige Fastenzeit ist damit beendet.
Am Sonntag folgt nach der Messe das Festessen mit gegrilltem Osterlamm, und bei Musik und Tanz feiern die Kreter bis in den frühen Morgen.

Fest des Heiligen Elia.
Zahlreiche Gipfelkapellen auf Kreta sind dem alttestamentlichen Propheten Elia geweiht. Die Namensverwandtschaft des Heiligen mit dem Sonnengott Helios ist nicht die einzige Übereinstimmung, denn Elia ist der biblischen Erzählung (2 Kön 2) nach wie der homerische Gott mit einem Feuerwagen gen Himmel gefahren. So ist auch dieses Fest ein Hinweis darauf, daß viele vorchristliche Kultstätten von der Kirche übernommen wurden. Dem Heiligen zu Ehren begeben sich die Dorfbewohner am 20. Juli auf den Gipfel des Berges und verbringen dort die Nacht, um bei Sonnenaufgang mit einer gemeinsamen Morgenandacht Elias Erscheinen am Himmel begrüßen zu können.

Links: *Dorfpope während der Morgenandacht zum Elia-Fest.*

Oben: *Eine berühmte Persönlichkeit unter den kretischen Bischöfen ist der fast neunzigjährige Irinäos, der für sein besonderes soziales Engagement in seiner Diözese in Westkreta bekannt ist.*
Kreta nimmt als halbautonome Kirchenprovinz Griechenlands eine Sonderstellung ein, weil es wie die Mönchsrepublik Athos und die Inseln des Dodekanes unmittelbar dem Patriarchen von Konstantinopel, dem heutigen Istanbul, untersteht. Die Metropoliten der sieben Bistümer auf Kreta und der Erzbischof in Iraklion werden direkt vom Patriarchen in ihr Amt berufen.

Links: *In der griechisch-orthodoxen Taufzeremonie zeigen sich die frühchristlichen Wurzeln der Kirche: Der Täufling wird nicht nur leicht mit Wasser benetzt, sondern vollständig ins Wasser eingetaucht. Anschließend wird das Kind um das Taufbecken getragen und vom Priester der Gemeinde und Gott als neues Mitglied der Glaubensgemeinschaft vorgestellt.*

Rechts oben: *Trauernde Witwe während einer Bestattungszeremonie. Die schwarzgekleideten Frauen, die in vielen kretischen Dörfern zu sehen sind, tragen ihre Kleidung als Zeichen der Trauer über den Verlust eines Familienmitglieds meist für den Rest ihres Lebens.*

Rechts Mitte: *Beerdigungsfeier. Nach der kirchlichen Beerdigungszeremonie findet im engsten Familienkreis und im Beisein des Priesters eine Trauerfeier mit anschließendem Essen statt.*

Rechts unten: *Auch heute noch wird auf Kreta überwiegend nach alter Tradition geheiratet. Symbol für die Verbindung von Mann und Frau ist dabei das Wechseln der Brautkränze über den Häuptern der zukünftigen Eheleute. Während der feierlichen Handlung wird das Brautpaar vom Priester dreimal um den Altar geführt. Sobald in der Liturgie daran gemahnt wird, daß die Frau ihren Mann fürchten solle, versuchen sich Braut und Bräutigam gegenseitig auf die Füße zu treten. Wer hier die Oberhand gewinnt, soll auch später während der Ehe das Sagen haben. Die Hochzeit ist ein besonderes Ereignis für die Dorfgemeinschaft, an dem bisweilen weit über tausend Personen teilnehmen. Hochzeiten finden in Griechenland nie an einem Dienstag statt, weil an diesem Unglückstag Konstantinopel erobert wurde. Früher war die Höhe der Mitgift der zukünftigen Ehefrau noch für das Zustandekommen einer Ehe entscheidend, was nicht selten dazu führte, daß sich manche Familie hoch verschuldete. Durch die Einführung der Zivilehe wurde 1983 jedoch die Mitgiftpflicht offiziell abgeschafft.*

Oben: Kloster Preveli.
Das 170 m über dem Libyschen Meer gelegene Kloster (17. Jh.) ist dem hl. Johannes Theologos geweiht. Die zweischiffige Klosterkirche mit schönem Glockenstuhl an der Westseite ist eine Rekonstruktion aus dem Jahr 1836 und wurde 1911 restauriert. Auch heute ist das Kloster immer noch Anziehungspunkt für Gläubige und heilsuchende Pilger, weil es eine wertvolle Reliquie besitzt: Im Kreuz des Ephraim Preveli im Südschiff der Kirche soll sich ein Splitter des Kreuzes Jesu befinden, der Augenkranke von ihren Leiden befreit. Unter den Klöstern Kretas nimmt Preveli eine Sonderstellung ein, da es durch eine Urkunde von 1798 nachweisen kann, daß es direkt dem Patriarchen von Konstantinopel unterstellt ist. Die Klosteranlage von Preveli wurde bereits unter der Besatzung der Türken errichtet. Obwohl es sich um keinen Wehrbau handelt, war das äußerst wohlhabende Kloster mit seinen massiven Mauern im 18. und 19. Jahrhundert ein wichtiges Zentrum des Widerstandes gegen die Türken. In einer geheim gehaltenen Schule wurde die griechisch-orthodoxe Kultur weitergepflegt, und in einem versteckten Versammlungsraum trafen sich die Freiheitskämpfer, um Informationen auszutauschen und sich von den Mönchen mit Munition und Verpflegung für neue Überfälle versorgen zu lassen.

Im 2. Weltkrieg diente das Kloster schließlich britischen Soldaten als Versteck vor den deutschen Truppen. Durch den mutigen Einsatz der Mönche konnten die Engländer mit U-Booten der Alliierten nach Ägypten evakuiert werden. In einer Vergeltungsaktion beschlagnahmten die Deutschen dafür den Besitz des Klosters.

Unten links: *Klosteranlage Kato Preveli.*

Unten: *Toreingang von Kato Preveli, einem verfallenen Kloster (16./17. Jh.), 2 km unterhalb des Hauptklosters Preveli. Seine Mönche bewirtschafteten einst die umliegenden Ländereien des reichen Hauptklosters, bevor es Anfang des 19. Jahrhunderts nach einem Brand völlig aufgegeben wurde.*

Links oben: *Mit Löwenköpfen verzierte Türklopfer erinnern an die venezianische Fremdherrschaft.*

Oben Mitte: *Das Kloster Agia Triada auf der Halbinsel Akrotiri bei Chania ist eines der bedeutendsten und größten Klöster Kretas. Nach den venezianischen Brüdern und Gründern Jeremias und Laurentios Tzangarola, die zum griechisch-orthodoxen Glauben übergetreten waren, wird es auch Moni Tzangarolu genannt. Das Dreifaltigkeitskloster wurde zwar 1821 von den Türken niedergebrannt, aber bereits wenige Jahre später im alten Stil wiederaufgebaut. Eine Besonderheit ist der Eingangsbereich der quadratisch konstruierten Anlage aus dem 17. Jahrhundert* (links unten)*. Er besteht aus einem großen Portal im Stil der kretischen Renaissance mit Doppelsäulen, korinthischen Kapitellen und Dreieckgiebel. Auch im Innenhof* (rechts unten) *ist der venezianische Renaissancestil der Klosterkirche zu bewundern. Die Anlage diente als Kulisse für den berühmten Film „Alexis Sorbas".*

Wo immer man sich auf Kreta auch befindet, überall stößt man auf orthodoxe Stätten des Glaubens. Nicht selten weisen die Klöster und Kirchen auf heilige Orte hin, die schon in vorchristlicher Zeit als Kultstätten dienten. Heute sind sie vor allem Zeichen für die enge Einbindung der griechisch-orthodoxen Kirche in den Alltag der Kreter. Die Orthodoxie hat sich auf Kreta deshalb so erfolgreich etabliert, weil die Kirche zu Zeiten der Unterdrückung – sogar unter Einsatz von Waffengewalt – als Garant für die Wahrung kretischer Kultur, Identität und Tradition stand.

Links oben: *Modernes Kirchengebäude in Ostkreta.*

Links unten: *Das Ende des 19. Jahrhunderts erbaute Kloster Koudouma liegt am Südhang der Asterousia-Berge und wird heute noch von drei Mönchen bewirtschaftet. In den Höhlen der Umgebung lebten früher Einsiedler.*

Rechts oben: *Felsenkapelle Agia Sofia in der Nähe des westkretischen Dorfes Topolia, die sich in einer großen Tropfsteingrotte befindet. Die kleine Kirche ist mittlerweile über eine asphaltierte Straße erreichbar, welche durch einen der beiden Straßentunnel Kretas führt. Am Osterdienstag wird hier das große Fest der heiligen Sofia gefeiert.*

Rechts unten: *Innenraum der Klosterkirche Arkadi mit einem Gläubigen, der als Zeichen der Verehrung eine Ikone küßt.*

Kloster Chrissoskalitissos, in dem heute bloß noch ein Mönch (oben) und eine Nonne (unten) leben. Die meisten Klöster auf Kreta haben mit Nachwuchsproblemen zu kämpfen. Nur sehr wenige junge Menschen sind heute bereit, das harte, abgeschiedene Leben und das Gelübde des Zölibats auf sich zu nehmen. Chrissoskalitissos verdankt seinen Namen, der „Goldene Treppe" bedeutet, einer Legende. Die Klostertreppe hat angeblich eine Stufe, welche aus reinem Gold besteht. Sehen kann sie jedoch nur ein Mensch, der reinen Herzens und ohne Sünde ist. Bereits unter venezianischer Besatzung soll hier ein Kloster gestanden haben, das durch die heilige Muttergottes vor den Türken gerettet wurde. Die Panagia ließ angeblich die Angreifer zu Stein werden. Im Zweiten Weltkrieg diente Chrissoskalitissos – wie das Kloster Preveli – alliierten Soldaten als Versteck, bis es schließlich von den Deutschen besetzt und als Gefängnis benutzt wurde.

VENEZIANER UND TÜRKEN AUF KRETA

Die von der Kirche propagierten und tatkräftig unterstützten Kriege gegen „Heiden" oder Häretiker und zur Befreiung der heiligen Stätten Palästinas von der islamischen Herrschaft waren nicht selten auch politisch oder wirtschaftlich motiviert. So erklärt es sich, weshalb die christlichen Ritter unter der Führung Venedigs den 4. Kreuzzug (1202–1204) nicht gegen das arabische Palästina, sondern gegen das griechisch-orthodoxe, reiche Byzanz richteten. Der Gedanke an wertvolle Beute veranlaßte die Kreuzfahrer, trotz vorübergehender Unstimmigkeiten mit dem Papst, gegen die byzantinische Metropole Konstantinopel ins Feld zu rücken. Im Jahr 1204 wurde die Stadt gestürmt und anschließend geplündert. Viele Sammlungen mittelalterlicher byzantinischer Kunst, die sich heute in europäischen Museen befinden, stammen aus den Raubzügen von 1204. Das Byzantinische Reich wurde zerschlagen und unter den Eroberern aufgeteilt. Kreta fiel an den Oberbefehlshaber der Kreuzritter, Bonifatius II. von Monferrat. Er tauschte seinen neuen Besitz jedoch bald für 10 000 Silbermark mit der Republik Venedig gegen das Gebiet um Thessaloniki ein. Die Venezianer hatten damit die Insel Kreta, einen wichtigen Stützpunkt für ihren Mittelmeerhandel, praktisch zu einem Spottpreis erworben.

Venezianischer Löwenbrunnen in Spili.

Es vergingen jedoch noch weitere fünf Jahre, bis sich die Venezianer auf Kreta gegen die mittlerweile dort ansässigen Genuesen durchsetzen konnten. Die beiden, während der Kreuzzüge rivalisierenden norditalienischen Stadtrepubliken Genua und Venedig trugen ihre Streitigkeiten nach der Eroberung Konstantinopels auf der Insel aus. Die Genuesen hatten in aller Eile bereits fünfzehn Kastelle errichtet, um sich Kreta als ihren Handelsstützpunkt im östlichen Mittelmeer zu sichern. 1209 wurde der Veronese Jacopo Tiepolo schließlich Herzog in Candia, dem heutigen Iraklion.

Während der venezianischen Besatzungszeit, die über vierhundert Jahre dauern sollte, verzeichneten die kretischen Städte einen enormen Aufschwung, vor allem auf dem Gebiet der Wissenschaft, Kunst, Architektur und Kultur. 10 000 venezianische Kolonisten wurden auf der Insel angesiedelt – eine große Anzahl, wenn man bedenkt, daß selbst die Stadt Venedig zu dieser Zeit nur 60 000 Einwohner zählte. Die Verwaltung der Insel und der kretischen Städte wurde nach venezianischem Vorbild organisiert. Alle zwei Jahre ernannte Venedig einen Herzog (duca), dem zwei Räte zur Seite standen.

Zusammen bildeten sie die „Signorie". Sämtliche Adlige venezianischer Herkunft gehörten dem sogenannten „Großen Rat" an, aus dem der engere Rat gewählt wurde. Ganz Kreta war in „Kastellanien", das heißt in jeweils von einem Kastell geschützte Provinzen, eingeteilt. Auch die Rechtsprechung wurde neu organisiert.

Nur in der Sfakia konnten sich die Venezianer, wie auch alle ihre Vorgänger, nicht ernsthaft durchsetzen, denn das Gebiet blieb durch den hartnäckigen Widerstand seiner Bewohner relativ autonom.

Unter den neuen Machthabern, die weithin als Kaufleute bekannt waren, erfuhr der Handel eine neue Blüte. Vor allem der Fernhandel gewann zunehmend an Bedeutung: Malvasier-Wein wurde in großen Mengen ausgeführt, und der Zuckerrohranbau faßte Fuß. Die „kandierten" Früchte und der „Kandiszucker" erinnern heute noch an die beliebten Exportgüter der venezianischen Stadt Candia.

Die Landbevölkerung hatte jedoch keinen Anteil am wirtschaftlichen und kulturellen Aufschwung der Städte, denn der venezianische Adel trieb von der ohnehin schon unterdrückten einheimischen Bevölkerung hohe Abgaben und Steuern ein, um den eigenen Luxus und die Prachtbauten finanzieren zu können. Die Bauern mußten neben der Landarbeit Frondienste bei der Errichtung neuer Festungsanlagen leisten oder wurden als Ruderer auf venezianischen Galeeren eingeteilt. Im Gegensatz zu den antiken Galeeren wurden bei den italienischen Schiffen nicht mehr Sklaven eingesetzt, sondern Bürger, die diese Arbeit im Rahmen ihres Wehrdienstes leisten mußten. Daher waren Spannungen zwischen den reichen Städtern und den armen Landbewohnern abzusehen.

Auch im Bereich der Glaubensausübung kam es während der venezianischen Herrschaft zu tiefgreifenden Änderungen. In den Städten verdrängte der Katholizismus die orthodoxe Kirche, und die Venezianer verboten das orthodoxe Episkopat, um dessen Einfluß einzudämmen. Orthodoxe Würdenträger wurden durch katholische ersetzt. In Candia wurde ein Katholik zum Erzbischof ernannt.

Die Kreter reagierten mit Ablehnung auf diese religiösen Neuerungen. In den ersten hundertfünfzig Jahren venezianischer Besatzung kam es zu insgesamt zehn großen Revolutionen und Aufständen, die aber nicht nur religiös, sondern auch sozial und wirtschaftlich begründet waren.

Zu Beginn der venezianischen Eroberungskämpfe im 13. Jahrhundert zogen sich viele Aufständische in die Lassithi-Hochebene zurück, die dank ihrer Unwegsamkeit für einen bewaffneten Widerstand besonders geeignet war. 1263 stürmten die Venezianer jedoch die natürliche Festung im Dikti-Massiv, vertrieben alle Bewohner und verboten eine Wiederbesiedlung des ganzen Gebietes.

Venedig reagierte hart auf die sozialen Erhebungen und unterdrückte die Aufstände mit Hilfe großer Söldnerheere. Die Errichtung neuer Burgen zur Sicherung gegenüber den feindlichen Rebellen und prunkvolle Paläste in den Städten sollten die Überlegenheit der venezianischen Machthaber demonstrieren.

Nicht nur die Landbevölkerung, sondern auch alteingesessene byzantinische Adelsfamilien lehnten sich gegen die Venezianer auf, denn den Grundbesitz, der ihnen einst vom byzantinischen Herrscher Nikephoros Phokas zugeteilt worden war, mußten sie nun an venezianische Lehensherren abtreten.

Der kretische Großgrundbesitzer Alexios Kallergi führte die von 1283 bis 1298 andauernden Aufstände der kretischen Adelsschicht an. Durch seinen entschlossenen Widerstand erreichte er, daß seine Gegner mit der „Pax Kallergi" in etlichen Forderungen nachgaben. Sie stimmten einem orthodoxen Bischofsitz zu, tolerierten fortan interkonfessionelle Ehen und wiesen auch den einheimischen Adligen wieder Land als Lehen zu. Für die kretische Oberschicht trat eine spürbare Verbesserung ein. Die einfache Bevölkerung hingegen litt am Ende der venezianischen Herrschaft so sehr unter den harten Abgaben und Steuern, daß sogar viele auf dem Land wohnende venezianische Siedler sich auf die Seite der Einheimischen stellten, um sie in ihren Forderungen zu unterstützen.

Der endgültige Niedergang Konstantinopels im Jahr 1453, dessen Einnahme durch die Türken das Ende des Oströmischen Reiches bedeutete, läutete auf Kreta eine Epoche kultureller Verschmelzung byzantinischer und venezianischer Elemente ein. Zahlreiche bedeutende Familien, die Konstantinopel verlassen mußten, suchten in Kreta eine neue Heimat. Mit diesen Einwanderern setzte ein kultureller Aufschwung ein, der sich in der Architektur und Malerei wie auch in der Literatur und Wissenschaft des 15. und 16. Jahrhunderts widerspiegelt.

In der Ekaterini-Kirche in Iraklion wurde in Anlehnung an die Schule der Mönche vom Berg Sinai, der wichtigsten Hochschule des christlichen Ostens, eine Lehr- und Forschungsstätte eingerichtet. Griechisch-orthodoxe Traditionen, Einflüsse der italienischen Hochrenaissance und des Manierismus verschmolzen miteinander und legten die Grundlagen für die „kretische Renaissance". In dieser Zeit entstand die berühmte kretische Malschule, als deren Begründer Theophanos der Kreter gilt. Farbenfreude in der Darstellung, Licht- und Schattenspiel und der expressionistische Ausdruck der Gesichter bis hin zum Tragischen sind die wesentlichsten Merkmale dieser Kunstrichtung.

Auch in der Ikonographie vollzog sich ein Wandel: Es entstanden stilistische Varianten, die unter dem strengen Blick Konstantinopels nie möglich gewesen wären. Der wohl berühmteste Vertreter dieser Schule ist der Ikonenmaler Michael Damaskinos (1535–1591). Nach einem längeren Aufenthalt in Venedig, wo auch die erste Begegnung mit der italienischen Malerei stattfand, lebte er auf den Ionischen Inseln. Seine bekanntesten Werke entstanden auf Kreta und bereicherten den strengen byzantinischen Formenkanon durch typisch kretische Elemente, die Damaskinos mit den Stilmitteln der italienischen Renaissance verband.

Der besondere Aufschwung in der Sakralkunst erklärt sich dadurch, daß sie der lokalen griechisch-orthodoxen Bevölkerung dazu diente, ihr Selbstbewußtsein zum Ausdruck zu bringen und sich von den katholischen Venezianern abzugrenzen. Der orthodoxe Klerus und die einheimischen Adligen waren als Stifter von Kirchen und Auftraggeber von Gemälden überaus aktiv und förderten die rege Bautätigkeit im Bereich der Sakralarchitektur.

Ein Höhepunkt dieser Entwicklung wird mit dem künstlerischen Wirken des in Fodele bei Iraklion geborenen Malers Domenikos Theotokopoulos erreicht (1541–1614), der in Spanien und bald weltweit unter dem Namen

El Greco, „der Grieche“, durch seinen einzigartigen, persönlichen Stil berühmt wurde.

In dieser Epoche wirkten auch zahlreiche italienische Architekten, deren Spuren man heute noch überall auf der Insel antrifft. Venezianische Loggien, raffinierte Brunnenanlagen und prunkvolle Stadthäuser brachten venezianisches Flair nach Kreta. Reiche Grundbesitzer wurden gesetzlich dazu verpflichtet, Mittel für städtische Prachtbauten bereitzustellen. In dieser zweiten Phase der venezianischen Besatzungszeit, also von der Mitte des 15. bis Mitte des 17. Jahrhunderts, nahm die byzantinisch-venezianische Annäherung zu. Viele Kreter reisten zum Studium nach Italien, vor allem nach Padua, und in Venedig entstand eine bedeutende kretische Kolonie. Gleichzeitig gewann die orthodoxe Kirche wieder an Einfluß, und zahllose Klöster und Kirchen wurden errichtet. Bei einigen Klostergründungen dieser Zeit folgt die Fassadengestaltung venezianischen Vorbildern, so etwa bei den Klöstern Agia Triada oder Gouverneto auf der Halbinsel Akrotiri.

Auch in der kretischen Literatur ist von einer Renaissance zu sprechen, die zu neuen Ausdrucksformen findet. Der bei Sitia geborene Vitsentsos Kornaros erlangte durch seinen *Erotokritos* Berühmtheit. Die Besonderheit dieses 1645 verfaßten epischen Werkes besteht vor allem darin, daß die 10 502 fünfzehnsilbigen Verse heroisch-erotischen Inhaltes nicht in der griechischen Hochsprache, der sogenannten Katharevousa, sondern in der Volkssprache Dimotiki verfaßt wurden. In der Tradition dieser kretischen Volksdichtung stehen die „Mantinades“, Morgengesänge, und der „Rizitika“, ein Gesangstyp, der aus den Weißen Bergen stammt. Im kretischen Widerstandskampf spielten diese von der Lyra begleiteten Lieder eine große Rolle, und auch heute gehören sie in den Ablauf kretischer Volks- und Familienfeste.

Gottesmutter der Passion, Kreta, Ende des 15. Jahrhunderts. Mit erschrecktem Gesichtsausdruck wendet sich das Jesuskind auf dem Arm der Gottesmutter zum Erzengel Gabriel um, der ihm das Kreuz entgegenhält. Von der anderen Seite naht der Erzengel Michael mit dem Passionszeichen Lanze und Ysopstab. Seit der 2. Hälfte des 15. Jahrhunderts erlangte in der kretischen Ikonenmalerei dieser Bildtyp der „Passionsmadonna“ große Verbreitung.

Im 16. Jahrhundert erlebte das Osmanische Reich den Höhepunkt seiner Expansion, was u. a. dazu führte, daß die türkische Flotte für den venezianischen Seehandel zu einer ernsten Bedrohung wurde. Zum Schutz ihrer Seewege verstärkten die Venezianer ab 1550 die Verteidigungsanlagen Kretas, war doch die Insel ein wichtiger Handelsstützpunkt, der zugleich auch die letzte Bastion gegen die Türken bildete. In den Küstenstädten Iraklion, Chania, Rethymnon und Sitia errichteten die Venezianer eindrucksvolle Hafenanlagen mit langen Kaimauern, Leuchttürmen, Lagerhäusern und Waffenarsenalen.

Kreta wurde im 16. Jahrhundert immer häufiger das Ziel türkischer Piraten. 1538 überfiel der berühmte Freibeuter Chaireddin, genannt „der Rotbart“, nahezu 80 kretische Hafenstädte. Angesichts solcher Übergriffe errichteten die Venezianer entlang der Küstenlinie mächtige Kastelle, welche heute zu den bekanntesten Sehenswürdigkeiten der Insel zählen. Die Wehranlage Candias (heutiges Iraklion), zur damaligen Zeit eine der gewaltigsten Befestigungsanlagen im gesamten Mittelmeerraum, wurde nach Plänen des berühmten veronesischen Architekten Michele di San Michele (1484–1559) durch die harte Arbeit der Einheimischen weiter verstärkt und ausgebaut. Auch die Seefestungen Gramvousa, Spinalonga und Souda entstanden durch den Frondienst der bäuerlichen Bevölkerung binnen äußerst kurzer Zeit.

Das Osmanische Reich ließ sich jedoch von seinen Eroberungsplänen nicht abbringen: 1645 ging der türkische Militärbefehlshaber Jussuf Pascha mit einer riesigen Streitmacht von 60 000 Soldaten und 400 Schiffen westlich von Chania an Land. Zunächst begrüßten die ausgebeuteten Untertanen die türkischen Eroberer als Befreier und unterstützten die neuen Herren gegen die Venezianer. Die einheimische Bevölkerung mußte aber schon bald erkennen, daß

Chania, Stadtansicht mit Hafen. Die zweitgrößte Stadt Kretas war bereits in minoischer Zeit besiedelt und spielte während der Antike und später unter den Byzantinern eine zentrale Rolle. Ihre größte Blütezeit erlebte die Hafenstadt aber unter venezianischer Herrschaft. Im 13. Jh. wurde sie über dem antiken Kydonia von den Venezianern in neuer Pracht ausgebaut. Der stärkste wirtschaftliche und geistige Aufschwung begann Ende des 16. Jh. mit der „kretischen Renaissance". Die venezianischen Bauten prägen noch heute das Bild der Stadt und verleihen ihr einen besonderen Charme.
1537 umgaben die Venezianer Chania mit einer schützenden Stadtmauer, was jedoch ihre Eroberung durch türkische Truppen im Jahr 1645 nicht verhindern konnte. Reste der im gleichen Jahr errichteten Moschee sind heute noch am Hafen zu sehen. Sie wurde nach den Janitscharen, den türkischen Kampfelitetruppen, benannt. Deren Mitglieder wurden als Kinder christlicher Einwohner aus den türkisch besetzten Gebieten geraubt, mußten zum Islam übertreten und erhielten eine strenge militärische Ausbildung. Mit ihren Erkern erinnern türkische Stadthäuser an die osmanische Besatzungszeit, in der Chania Iraklion als Hauptstadt ablöste. Auch nach der Befreiung von den Türken blieb Chania Hauptstadt des autonomen kretischen Staates unter Prinz Georg und war bis 1971 Verwaltungssitz.

die Türken sich als noch schlimmere Unterdrücker als ihre Vorgänger erwiesen. Besonders gegenüber Andersgläubigen zeigten sie sich unnachgiebig und führten eine strenge Zwangsislamisierung auf der Insel durch. Von diesem Zeitpunkt an kämpfte die kretische Bevölkerung Seite an Seite mit den Venezianern gegen den Einzug des Islam auf der Insel, aber der Sinneswandel kam zu spät: Die Türken waren nicht mehr aufzuhalten. Noch im gleichen Jahr fiel Chania dem Ansturm der osmanischen Truppen zum Opfer, und ein Jahr später folgte Rethymnon. 1648 begann der verzweifelte Kampf um Candia. Freiwillige aus allen Teilen Europas halfen, den letzten Vorposten der Christenheit gegen den Islam zu verteidigen. Selbst der Papst rief zur Verteidigung von Candia auf, und auch deutsche Herzöge entsandten Truppenkontingente nach Kreta. Francesco Morosini, der Statthalter von Candia, führte einen Grabenkrieg gegen die Türken, der 21 Jahre dauern sollte. Trotz des erbitterten Widerstandes der venezianischen Truppen nahmen die Türken schließlich 1669 Candia ein.

Bei den langen Kämpfen um die Stadt starben 120 000 Türken und 30 000 Venezianer. Dank der klugen Verhandlungstechnik Morosinis gelang es den letzten Verteidigern der Festungsstadt, sich nach der Kapitulation immerhin freien Abzug zu sichern. Noch bis 1691 konnten die Seefestung Gramvousa im äußersten Nordwesten der Insel und bis 1715 die Festungen Spinalonga und Souda gehalten werden. Dann begann auch dort die dunkle Epoche der türkischen Fremdherrschaft.

Die venezianische Seefestung Gramvousa liegt in etwa 150 m Höhe auf der gleichnamigen Insel gegenüber der sogenannten Piratenbucht Balos im äußersten Nordwesten Kretas. Die fünfeckige Festung überwachte einst den Seeweg von Venedig ins östliche Mittelmeer. Während Candia, das heutige Iraklion, schon 1669 in die Hände der Türken fiel, gaben die Venezianer Gramvousa erst 1691 auf. Unter türkischer Herrschaft verlor die Festung an Bedeutung.
Im 18. Jahrhundert entdeckten Piraten die Insel als günstigen Ausgangspunkt zahlreicher Raubzüge und erbeuteten innerhalb von zwei Jahren 155 Schiffe. Anfang des 19. Jahrhunderts stürmte schließlich eine britisch-französische Strafexpedition die Festung und befreite die von den Seeräubern in Höhlen eingesperrten Gefangenen.

Die Einnahme der Insel durch die Türken hatte Zerstörungen großen Ausmaßes zur Folge. Die wirtschaftlichen Grundlagen Kretas wurden durch den Raubbau an den Ressourcen der Insel zerstört. Henri Castellas bezeichnet in seinem Reisebericht von 1600 Kreta noch als „glücklichste Insel im Mittelmeer" und schwärmt von ihrem angenehmen Klima, ihrer ausgesprochenen Fruchtbarkeit und den ausgedehnten Zypressenwäldern. Nach der Eroberung durch die Türken wurde die Insel in jeglicher Hinsicht ausgebeutet. Neben der Bevölkerung, die erneut unter den hohen Steuerlasten zu leiden hatte, wurde auch die Natur in Mitleidenschaft gezogen. Großflächige Abholzung und Brandrodung zerstörten die ehemals weitläufigen Waldgebiete. Da viele Einwohner sich vor den neuen Herren in abgelegenere Bergregionen zurückzogen, wurden unberührte Waldlandschaften in Acker- und Weideflächen verwandelt und verkarsteten völlig. Eine Vielzahl heimischer Tier- und Pflanzenarten überlebte diesen Raubbau nicht.

Natürlich waren nach den erbitterten Kämpfen auch die venezianischen Festungsanlagen erheblich beschädigt, und die einst unter den Venezianern blühenden Städte und Häfen verfielen zusehends.

Candia verlor unter dem Osmanischen Reich seine Bedeutung, denn die Türken erhoben Chania zur Hauptstadt der Insel. Hier residierte auch der Emir. Der venezianische Grundbesitz fiel an den Sultan, den osmanischen Adel oder an türkische Offiziere. Auch islamisch-religiöse Stiftungen und türkische Siedler wurden mit Ländereien belehnt. Die Bauern mußten unter den türkischen Feudalherren weiterhin Frondienste leisten und außerdem hohe Kopfsteuern zahlen. Diejenigen Landbesitzer, die nicht enteignet worden waren, mußten Besitzsteuern abführen. Der osmanische Verwaltungsapparat kontrollierte das Leben der Bevölkerung. Jedem Dorf stand ein sogenannter Aga vor, jeder Stadt ein Bey oder Pascha, ohne dessen Zustimmung keine Entscheidungen gefällt werden durften. Da die Vermittlung zwischen Besatzern und Einheimischen auch ein Sprachproblem darstellte, wählten die Kreter jeweils einen geeigneten Vertreter, der ihre Anliegen der türkischen Verwaltung vortragen konnte.

Da die Kreter, vor allem die christlichen Einwohner, welche die große Mehrheit bildeten, den türkischen Besatzern Widerstand geleistet hatten, mußten sie nun die Rache der Sieger fürchten.

Viele Kirchen wurden vollständig geschleift, oder es wurden zumindest die Glockentürme niedergerissen. Teilweise nutzten die Türken die Kirchenbauten auch als Moscheen weiter und setzten ihnen Minarette auf. In den Fällen, in denen die christlichen Gotteshäuser zu Moscheen umgewandelt wurden, entfernte man die Innenraummalereien oder übertünchte sie. Die große Agios Titos-Kirche in Chandaka wurde zu Ehren des Eroberers Koprülü in eine Moschee umgewandelt und hieß fortan Vezir Tzami.

Ein vorrangiges Bestreben der neuen Machthaber bestand in der Islamisierung der bisher christlichen Bevölkerung. Da die türkischen Eroberer hauptsächlich dem Militär angehörten und meist ohne Familien auf die Insel versetzt worden waren, kam es nicht selten zu Ehen zwischen Osmanen und kretischen Frauen. Diese Verbindung zwischen den Eroberern und den Einheimischen trug zur Verbreitung des Islam bei, denn im Fall einer solchen Heirat wurden die Nachkommen automatisch zu Angehörigen des islamischen Glaubens. Auch zur Zeit der Türkenherrschaft gab es Formen friedlichen Zusammenlebens zwischen Besiegten und Besatzern. Steuererleichterungen und sonstige wirtschaftliche Privilegien als Anreiz für den Übertritt zum islamischen Glauben veranlaßten viele Kreter, sich zumindest nach außen hin anzupassen. Insgesamt überwogen jedoch Widerstand und Auflehnung, denn wo sie durch materielle Anreize nichts erreichen konnten, griffen die Türken zu grausamen Zwangsmaßnahmen.

Ein Druckmittel bestand z. B. darin, daß eine Dorfgemeinschaft, die den Übertritt bis dahin verweigert hatte, eingekreist wurde. Anschließend forderten die türkischen Verwalter eine schriftliche Erklärung vom Dorfvertreter, die den Übertritt der Gemeinde zum Islam bestätigen sollte. Weigerten sich die Gemeindemitglieder, wurde der Unterhändler hingerichtet, und das Dorf mußte den nächsten Vertreter zu den Verhandlungen entsenden. Der Vorgang wurde so lange wiederholt, bis schließlich ein Dorfbewohner aus Furcht die Erklärung stellvertretend für seine Gemeinde unterschrieb.

Nicht selten wurde die Zwangsislamisierung auch dadurch erreicht, daß die Türken die männlichen Kinder aufständischer Kreter ihren Familien raubten, ihnen in der Fremde eine strenge militärische Ausbildung zuteil werden ließen und sie so zu treuen Offizieren erzogen, die sich ihrer eigenen, weit zurückliegenden Herkunft gar nicht mehr bewußt waren. Die Aufstände in der Lassithi-Ebene wurden 1867 durch einen solchen indoktrinierten Kreter niedergeschlagen: An der Spitze von 40 000 Soldaten und ägyptischen Hilfstruppen stand Ismael Ferik Pascha. Er war als Kind gefangengenommen und nach Kairo verschleppt worden, wo man ihn zum fanatischen Mohammedaner erzogen hatte, der jetzt rücksichtslos gegen seine Landsleute vorging.

Eine lange, nicht enden wollende Kette von Aufständen durchzog die zwei Jahrhunderte dauernde Türkenherrschaft. Alle Rückeroberungsversuche der Venezianer scheiterten trotz der Unterstützung durch Einheimische, weil die Türken als Seemacht das Mittelmeer kontrollierten. Viele Einwohner suchten Zuflucht auf den Ionischen Inseln, die sich noch in venezianischer Hand befanden, andere wiederum traten nur zum Schein zum islamischen Glauben über, um der Verfolgung zu entgehen, aber in ihrem Innersten blieben sie ihrem orthodoxen Glauben treu. Diese sogenannten Kryptochristen bedeuteten stets ein potentielles Risiko für die türkischen Besatzer, denn sobald sich eine Gelegenheit bot, schlugen sie sich wieder auf die Seite der Unterdrückten. Diejenigen Kreter, die sich nicht einmal zum Schein dem neuen Glauben beugen wollten, flohen in die unzugänglichen Bergregionen der Insel: in die Weißen Berge, ins Ida-Gebirge oder ins Dikti-Massiv. Die „Hayins", wie die Türken die Aufständischen nannten, sorgten für ständige Unruhen. Wurden sie von ihren Gegnern ergriffen, folgten grausame Folter und die öffentliche Hinrichtung. Die Rebellen mußten ihren Lebensunterhalt in der abgelegenen Welt der Berge hauptsächlich durch Überfälle und Raubzüge – selbst gegenüber ihren Landsleuten – bestreiten, was ihnen auch den griechischen Spitznamen „Kleftes" oder „Spitzbuben" einbrachte.

Das Gebiet, das sich seit jeher den fremden Mächten und nun auch den Türken am heftigsten widersetzte, war die Sfakia, deren unwegsame Landschaft sich als Rückzugsbereich für kretische Freiheitskämpfer besonders eignete. Während des russisch-türkischen Krieges (1768–1774) ergriffen die Kreter erneut die Gelegenheit, um sich gegen die osmanische Herrschaft aufzulehnen. Anführer der ersten großen kretischen Widerstandsbewegung wurde 1770 der aus Anopolis stammende Schiffsreeder Iannis Vlachos, der unter dem Namen Daskalojannis Berühmtheit erlangte. Er setzte sein ganzes Vermögen für den Kampf gegen die osmanischen Eroberer ein, und da er anfangs von den Russen unterstützt wurde, die mit den Türken im Krieg standen, zeigten seine aus dem Hinterhalt geführten Aktionen auch Erfolge. An der Spitze von 2000 Kretern gelang es ihm, die Türken aus der Sfakia zu vertreiben. Die leicht zu verteidigende Samaria-Schlucht beherbergte in dieser Zeit das größte Waffenlager der Widerstandskämpfer. Der Freiheitskämpfer Iannis Bonatus hielt die Türken mit 200 Mann an der engsten Stelle der Schlucht, der sogenannten „Eisernen Pforte", auf. Alle weiteren Versuche der Türken, von Omalos aus in die Schlucht zu gelangen, scheiterten. Der Pascha von Chania, erzürnt über das Ausmaß des Aufstandes, setzte 15 000 Soldaten von der Hauptstadt aus in Marsch. Dieser Übermacht mußten sich die erbitterten Widerstand leistenden Kreter beugen. Die türkischen Truppen verwüsteten die Dörfer der Sfakia und versklavten die Einwohner. Für Daskalojannis und seine Anhänger bedeutete der Abschluß eines Friedensvertrages zwischen Rußland und der Türkei den endgültigen Untergang, denn nun blieb die bisherige russische Unterstützung aus, und der Nachschub war nicht mehr gewährleistet. Unter dem Vorwand der Aufnahme von Friedensverhandlungen lockten die Türken ihn nach Iraklion, wo er sofort gefangengenommen und zum Tode verurteilt wurde. Die Hinrichtung fand auf eine besonders grausame Weise statt: Vor einem großen Spiegel wurde Daskalojannis bei lebendigem Leib gehäutet. Die Türken zwangen seinen Bruder, der grausamen Exekution beizuwohnen, wobei dieser den Verstand verlor. Mit seinem Märtyrertod wurde Daskalojannis zum kretischen Volkshelden.

Als 1821 der Freiheitskampf auf dem griechischen Festland mit noch nie dagewesener Wucht ausbrach, nutzten die Kreter die Gelegenheit zu einem erneuten Aufstand gegen die Osmanen. In der Anfangsphase, zwischen 1821 und 1824, erzielten die Kreter kurzzeitig große Erfolge bei der Rückeroberung ihrer Insel. Als die Hohe Pforte in Istanbul dem griechischen Aufstand nicht Herr werden konnte, rief sie Mehmet Ali, den berüchtigten Vizekönig von Ägypten, zu Hilfe und versprach ihm als Belohnung u. a. die Insel Kreta. Im Sommer 1824 landete er mit seinem Heer, das unter dem Befehl seines Stiefsohnes Ibrahim Pascha stand, auf Kreta. Er setzte seine albanischen und beduinischen Elitetruppen ein, um die Aufständischen zu bezwingen.

Bei der erneuten Eroberung Kretas durch die ägyptischen Truppen kam es zu Massakern, die in der Erinnerung der Einheimischen bis heute unvergessen sind. Schauplatz eines solchen Massenmordes war die Höhle von Melidoni bei Perama im Norden, wohin sich 500 Kreter, darunter Frauen und Kinder zurückgezogen hatten. Die Flüchtlinge wurden aber bald entdeckt. Daraufhin legten die Soldaten Feuer vor dem Höhleneingang, wobei alle Eingeschlossenen den Tod fanden.

Auch an der Südküste brodelten die Unruhen weiter. Die venezianische Festung Frangokastello wurde 1828 Kulisse einer weiteren Schlacht. Chatzimichalis Daliannis, ein Truppenführer vom griechischen Festland, stellte sich mit sechshundert Soldaten trotz der Warnungen der kretischen Kämpfer den Türken auf offenem Feld entgegen. Bei diesem aussichtslosen Kampf fielen zweihundert seiner Männer, und auch er selbst wurde getötet. Etwa 400 Griechen konnten sich in die gewaltigen Festungsmauern zurückziehen. Mehrere Tage lang verteidigten sie die Anlage gegen die Übermacht der türkischen Angreifer. Der Überlieferung zufolge spuken die Geister der gefallenen Soldaten am 17. Mai, dem Tag der Schlacht, rund um die Festung.

1827 hatten sich bereits die europäischen Großmächte in das Kriegsgeschehen eingeschaltet. Unter ihrem Druck mußten sich die Türken 1832 aus Griechenland zurückziehen, und es wurde ein unabhängiger griechischer Staat ausgerufen. Als die Grenzen dieses neuen Griechenlands festgelegt wurden, blieben die Kreter jedoch unberücksichtigt, und der Sultan überließ die Insel den Ägyptern. Die ägyptische Herrschaft über Kreta dauerte nur knapp ein Jahrzehnt, denn nach einem fehlgeschlagenen Feldzug der Ägypter gegen den Sultan fiel die Insel wieder unter türkische Oberhoheit.

Das Bestehen eines unabhängigen griechischen Staates gab der kretischen Befreiungsbewegung neuen Auftrieb, deren Ziel die Vereinigung mit Griechenland war. Hinzu kamen die zahlreichen Übergriffe der türkischen Verwaltung auf die Einheimischen und die Unterdrückung der Christen durch die Besatzer. Die orthodoxen Klöster bildeten einerseits die Keimzellen des Widerstandes gegen die Osmanen und anderseits ein Element der Kontinuität, das den Fortbestand der griechisch-kretischen Kultur und Sprache während der türkischen Besatzung sicherte. Den Freiheitskämpfern schlossen sich auch Mönche an, und in den Klöstern wurden neben Waffen auch Flüchtlinge versteckt.

Unter dem Druck der europäischen Mächte gestattete die türkische Regierung 1856 der Bevölkerung die freie Religionsausübung. Unter bestimmten Bedingungen hatten Christen auch das Recht, Ämter in der Verwaltung zu besetzen. Viele der „Kryptochristen“ konnten nun einflußreichere Positionen bekleiden und sahen den Moment gekommen, wieder ihren alten Glauben anzunehmen. Die Zahl derer, die sich nun wieder zu ihrem früheren Glauben bekannten, stieg sprunghaft an, was den Unmut der Osmanen hervorrief.

Ihren Höhepunkt erreichte die kretische Widerstandsbewegung des 19. Jahrhunderts in den Aufständen von 1866–1868. Bei dem Versuch, das Dorf Agia Roumeli an der Südküste der Insel zu erobern, verloren die Türken 1866 rund 600 Soldaten. In einer großangelegten Vergeltungsaktion machten 1867 etwa 4000 Türken Agia Roumeli dem Erdboden gleich. 300 kretische Freiheitskämpfer konnten jedoch entkommen, und die Frauen und Kinder retteten sich auf ein vor der Küste ankerndes Schiff. Die Unruhen griffen bald auch auf andere Regionen über und erfaßten weite Teile der Insel.

Höhepunkt des Aufstandes von 1866 und zugleich Schauplatz einer Tragödie, die ganz Europa erschütterte, war das Kloster Arkadi, dessen Abt Gabriel zum Führer der Widerstandsbewegung im Bezirk Rethymnon gewählt worden war. Seine Weigerung, der Forderung des türkischen Pascha von Rethymnon nachzukommen und den Widerstand aufzugeben, bedeutete das Ende für das schwer zu verteidigende Kloster. Am 8. November gab Ismael Pascha 15 000 Türken den Befehl, das Kloster zu belagern, in das sich mittlerweile nicht nur Aufständische, sondern auch Flüchtlinge aus der Umgebung von Rethymnon zurückgezogen hatten. Insgesamt verschanzten sich 964 Kreter hinter den Klostermauern, darunter nur 325 Männer, der Rest Frauen und Kinder. Die zahlenmäßig unterlegenen Kreter leisteten erbitterten Widerstand. Als die Lage immer hoffnungsloser wurde, entschlossen sich die Belagerten unter dem Abt Gabriel, sich nicht zu ergeben, sondern lieber für die Freiheit zu sterben. Als die Türken schließlich das Tor der Klosteranlage sprengten, zog sich ein Großteil der Belagerten in die Pulverkammer zurück, und der Kreter Konstantinos Giamboudakis jagte die gesamte Munition mit einem Pistolenschuß in die Luft. Nur 114 Kreter überlebten und gelangten in Gefangenschaft, aber auch die Türken erlitten unerwartet hohe Verluste. Die Tragödie von Arkadi verbreitete sich in Windeseile über Kretas Grenzen hinaus und erregte die Öffentlichkeit in ganz Europa. Der 8. November ist heute kretischer Nationalfeiertag, denn das Ereignis wurde zum Symbol für den Freiheitswillen der kretischen Bevölkerung.

Nach der türkischen Greueltat von Arkadi sollte es dennoch mehr als drei Jahrzehnte dauern, bis sich für Kreta die Zeit der Unterdrückung dem Ende näherte. 1897 marschierten Truppen der griechischen Armee ein und begannen die Türken zurückzudrängen. Erst 1898, als in Iraklion zufällig 18 englische Soldaten getötet wurden, griffen auch die Großmächte in das blutige Geschehen ein und beschleunigten auf diese Weise den Rückzug der Türken. Kreta erhielt einen Autonomiestatus und wurde unter das Protektorat Italiens, Rußlands, Großbritanniens und Frankreichs gestellt. Prinz Georg von Griechenland, der jüngere Bruder des griechischen Königs, wurde als Hochkommissar eingesetzt. Im Dezember 1898 ging er in der Souda-Bucht an Land.

Diesen Augenblick der Begeisterung schildert Alexis Sorbas, die Hauptgestalt aus dem gleichnamigen Roman des griechischen Schriftstellers Nikos Kazantzakis: „Als das königliche Schiff im Flaggenschmuck in den Hafen einfuhr und die Kanonen erdröhnten und der Prinz seinen Fuß auf kretischen Boden setzte … Hast du jemals ein Volk in seiner kollektiven Verrücktheit toben sehen, im Angesicht der Freiheit? Nein? Dann bist Du blind geboren, mein Bester und wirst blind sterben … Ich, und wenn ich tausend Jahre leben sollte … könnte das, was ich an jenem Tag sah, nie wieder vergessen. Und wenn es jedem Menschen möglich wäre, sich sein Paradies im Himmel auszusuchen, nach seinem Geschmack – so müßte es sein … Ich würde zu Gott sagen: Laß, lieber Gott, mein Paradies ein mit Myrten und mit Flaggen geschmücktes Kreta sein. Laß den Augenblick, in dem der Fuß des Prinzen Georg Kreta betritt, ewig währen. Ich will nichts anderes von Dir.“

Oben: *Venezianische Festung Frangokastello, 10 km östlich von Chora Sfakion an der Südküste. Ihr ursprünglicher, italienischer Name Franco castello bedeutet „Freie Burg“. Die mächtige, quadratisch angelegte Festung mit ihren vier gewaltigen Wehrtürmen wurde 1371 errichtet und gehört zu den ältesten venezianischen Befestigungsanlagen. Sie diente den Erbauern als Schutz vor Piratenüberfällen und als Bollwerk gegen kretische Partisanenangriffe.*
Im Jahr 1828 war sie der Schauplatz einer berühmten Schlacht: Während des Befreiungskrieges gegen die Türken griff dort der griechische Heerführer Chatzimichalis Daliannis trotz eindringlicher Warnung seiner sfakiotischen Mitstreiter mit einigen hundert Soldaten eine Übermacht von 8000 Türken in offener Schlacht an. Fast alle Soldaten und Freiheitskämpfer, darunter Daliannis selbst, fielen im Kampf gegen die Türken, der Rest konnte sich in die venezianische Zwingburg zurückziehen und sich noch lange verteidigen.
In den frühen Morgenstunden des 17. Mai, des Gedenktages der Schlacht, ziehen der Legende nach jedes Jahr die Seelen der Gefallenen als schemenhafte Gestalten an der Festung vorüber. Man nimmt an, daß es sich dabei um Luftspiegelungen handelt, welche vom Libyschen Meer, vor allem im Monat Mai, dank bestimmter Wetterphänomene an die Küste reflektiert werden.

Links: *Festung Kastro Koules mit marmornen Löwenrelief über dem Eingang. Der Löwe war das Symbol des Evangelisten Markus und repräsentierte an zahlreichen Kastellen die Stärke der reichen Republik Venedig. Das mächtige venezianische Kastell Kastro Koules am Hafen von Iraklion wurde in der ersten Hälfte des 16. Jahrhunderts anstelle der früheren, durch ein Erdbeben zerstörten Stadtfestung erbaut. Candia, wie Iraklion zur damaligen Zeit genannt wurde, galt als die stärkste Festung im ganzen Mittelmeer. Erst nach 21jähriger Belagerung konnte sie 1669 von den Türken eingenommen werden.*

Rechts: *Die venezianische Loggia in Iraklion ist ein eindrucksvoller zweistöckiger Renaissancepalast mit Arkadengängen, dorischen und ionischen Säulen und einem harmonisch angelegten, halbrunden Innenhof. Unter dem Statthalter Francesco Morosini 1626–28 erbaut, diente sie als Repräsentationsgebäude der Stadtregierung. Für die kretisch-venezianischen Adligen galt die Loggia als Mittelpunkt des gesellschaftlichen Lebens und war Versammlungsort und Ballsaal der städtischen Oberschicht.*

Unten links: *Der Morosini-Brunnen, der berühmteste venezianische Brunnen Kretas, steht mitten auf der Platia Venizelou, dem Hauptplatz Iraklions. Er wurde 1628 vom Statthalter Morosini errichtet und bildete den Ausgang eines 15 km langen Aquädukts, welcher das dringend benötigte Wasser vom Berg Jouchtas aus in die Stadt leitete. Die acht kreisförmig angeordneten Becken sind mit Löwen und die Außenwände mit Szenen aus der griechischen Mythologie geschmückt.*

Unten rechts: *Venezianischer Löwenbrunnen in Spili. Die in langer Reihe angeordneten Löwenköpfe spenden klares und kühles Naß aus der an Quellen reichen Region am Rande des Ida-Massivs.*

Oben: *Der Rimondi-Brunnen in Rethymnon, vermutlich 1629 als Konkurrenzbau zum Morosini-Brunnen in Iraklion vom venezianischen Statthalter Alvise Rimondi errichtet.*

Links: *Hafen von Iraklion mit Festung Kastro Koules. Unter der fortschreitenden Bedrohung der venezianischen Herrschaft durch die Osmanen gegen Ende des 16. Jahrhunderts wurde der Festungsbau auf Kreta massiv vorangetrieben. Die Türken hatten schon 1453 Konstantinopel, die Hauptstadt des byzantinischen Reiches, durch den Einsatz ihrer Kanonen zu Fall gebracht. Der berühmte veronesische Architekt Michele di San Michele, der sein Können schon in Bergamo, Brescia und Padua unter Beweis gestellt hatte, wurde nun nach Kreta berufen. Um die Wucht des Geschoßaufpralls zu vermindern, schrägte er die Mauerwände ab und ließ vorstehende Bastionen auf einem sternförmigen Grundriß errichten, die der besseren Überschaubarkeit einzelner Mauerabschnitte dienen sollten.*

Oben: *Der venezianische Leuchtturm aus dem 14. Jahrhundert, eines der Wahrzeichen der Stadt Chania. Er wurde im 19. Jahrhundert während der kurzen ägyptischen Besatzungszeit erneuert.*

Unten: *Türkische Moschee im Ruinengelände der Fortezza von Rethymnon.*
Im 19. Jahrhundert kam es zu immer heftigeren Aufständen der Kreter gegen die türkischen Besatzer, so daß schließlich die Großmächte in die Auseinandersetzungen eingriffen. Als 1879 Rethymnon von den Russen besetzt wurde, mußte ein Großteil der türkischen Truppen die Insel verlassen. Im 2. Weltkrieg nutzten die Deutschen die Festung als Artilleriestützpunkt und Internierungslager und sprengten zahlreiche Mauern und türkische Bauten. Nur geringe Teile der gewaltigen Festungsanlage mit den großen Bastionen sind heute noch erhalten.

Oben links: *Konstantinos Giamboudakis, der „Sprengmeister von Arkadi" und Symbol der kretischen Freiheitsbewegung. Die große Bronzestatue in Rethymnon erinnert an seinen Heldenmut.*

Oben rechts: *Das Kloster Arkadi versinnbildlicht den bedingungslosen Freiheitskampf der Einheimischen gegen die türkische Besatzungsmacht und gilt heute als Nationalheiligtum Kretas. Am 8. November 1866 verschanzten sich hier 964 Kreter. Als eine Übermacht von 15 000 türkischen Soldaten gegen Arkadi vorrückte, war den Verteidigern klar, daß ihr Kampf aussichtslos sein würde. Dennoch wehrten sich die Eingeschlossenen verbissen und beschlossen, nach der Losung „Freiheit oder Tod", lieber sich selbst zu töten, als in die Hände der Feinde zu fallen. Als im Verlauf des 9. November die ersten türkischen Soldaten ins Kloster eindrangen, rief Abt Gabriel alle Überlebenden auf, sich in die*

Pulverkammer zurückzuziehen. Nachdem die türkischen Angreifer das Waffenarsenal (rechts oben) umstellt hatten, schoß Konstantinos Giamboudakis mit einer Pistole zwischen die Fässer und sprengte so die Pulverkammer (links) in die Luft. Die gewaltige Explosion brachte zahlreichen Türken und allen eingeschlossenen Kretern den Tod. Etwa dreißig junge Männer, die sich noch im Refektorium (unten links) des Klosters verteidigten, wurden überwältigt und von den Türken getötet. Spuren der Schwerthiebe sind bis heute in den Tischen des Refektoriums deutlich zu sehen. Am 8./9. November finden jedes Jahr nationale Gedenkfeiern zur Erinnerung an den kollektiven Opfertod der kretischen Freiheitskämpfer statt.

Nikos Kazantzakis (1883-1957)

Der 1883 in Iraklion geborene Nikos Kazantzakis gehört zu den bekanntesten und meistgelesenen Schriftstellern der neugriechischen Literatur und gilt als Vorkämpfer für die griechische Volkssprache „Dimotiki". Als Kind erlebte er noch die Aufstände gegen die türkischen Besatzer, eine Erfahrung, die er später in seinen Romanen verarbeitete. In „Zauber der Griechischen Landschaft" schreibt er: „Tragisch, schwergeplagt ist Kretas Gesicht. Etwas Uraltes, Heiliges, Verbittertes, Stolzes ist in ihm, wie im Gesicht der Mütter, denen der Tod die stolzen Söhne entriß. So sehr hat die Seele der Kreter gekämpft und gelitten, und sie ist gleichzeitig so tapfer, daß sie sich nun an den Tod gewöhnte, keine Angst mehr vor ihm hat und mit ihm scherzen und spielen kann."

Nach dem Jurastudium in Athen, wo 1906 sein erstes Theaterstück aufgeführt wurde, und dem Philosophiestudium in Paris unternahm Kazantzakis ausgedehnte Reisen, die ihn von Griechenland nach Italien, Israel, Deutschland und Österreich bis nach China, Japan und Rußland führten. Seine Reisen beeinflußten ihn tief und veränderten auch seine Einstellung zur Orthodoxie, deren dogmatische Strukturen er immer mehr als begrenzt empfand. Zu seinen großen religiösen, philosophischen und politischenVorbildern zählten Buddha, Franz von Assisi, Nietzsche und Lenin, was sich nachweislich in seinem politischen und sozialen Engagement widerspiegelt. Unter der Regierung von Venizelos arbeitete Kazantzakis ab 1919 als Generalsekretär im Sozialministerium. Nachdem er 1945 als Minister die sozialistische Arbeiterunion gegründet hatte, war er ab 1947 für die UNESCO tätig. Bald aber widmete er sich ganz seiner schriftstellerischen Tätigkeit und gab auch dieses Amt auf.

Wegen seiner scharfen Kritik an der griechisch-orthodoxen Kirche, die in seinem Roman „Griechische Passion" deutlich wird, und seiner weltoffenen Einstellung wurde er exkommuniziert. Als Kazantzakis 1957 an einer Pockeninfektion in Freiburg i. Br. starb, errichtete ihm die Stadt Iraklion ein schlichtes Grabmal auf der Martinengo-Bastion. Anläßlich seiner Beerdigung am 5. November 1957 versammelten sich Tausende von Menschen an seinem Grab, um ihm die letzte Ehre zu erweisen.

Kazantzakis berühmtestes Werk, durch das er finanzielle Unabhängigkeit erlangte, ist der 1946 erschienene Roman „Alexis Sorbas". 1948 folgten unter anderem die „Griechische Passion", 1950/51 „Freiheit oder Tod" und „Die letzte Versuchung". Posthum erschien 1960 eine Sammlung von autobiographischen Kurzgeschichten mit dem Titel „Rechenschaft vor El Greco".

Der Regisseur Michael Cacoyannis verfilmte 1964 den in alle Weltsprachen übersetzten Roman „Alexis Sorbas". Anthony Quinn und Alan Bates verkörpern in diesem berühmten Film, dessen Dreharbeiten an Originalschauplätzen auf Kreta stattfanden, die beiden vom Charakter her so verschiedenen Hauptfiguren. Die außergewöhnliche Männerfreundschaft zwischen dem jungen, introvertierten englischen Schriftsteller und dem einfachen, aber lebensfrohen, stets intuitiv handelnden Sorbas bildet den Kern des Werkes. In der Spannung zwischen den beiden Persönlichkeiten spiegelt sich auch das Leben des Schriftstellers selbst wider, der in sich beide Charakterelemente vereinigte.

KRETAS JÜNGERE GESCHICHTE

Mit der Ankunft des Prinzen Georg in Chania 1898 war auf Kreta der Frieden erklärt und die Befreiung von der türkischen Vorherrschaft erreicht worden. Der zunächst bejubelte Prinz von Griechenland konnte jedoch die hohen Erwartungen, welche die Kreter in ihn als ihren neuen Statthalter bzw. Hochkommissar gesetzt hatten, nicht erfüllen. Trotz anfänglicher Verbesserungen machte sich bald wieder Unzufriedenheit bei der Bevölkerung bemerkbar, denn Kreta befand sich mit seinem unvollkommenen autonomen Status in einer politisch prekären Situation: Die offizielle Souveränität lag letztlich immer noch in den Händen des Sultans. Dieser in kretischen Augen unhaltbare Zustand führte schließlich zum Regierungsumsturz von 1905, den der kretische Justizminister Eleftherios Venizelos (1864–1936) vom Bergdorf Therissos aus gegen den Hochkommissar anführte. Sein erklärtes Ziel war die Enosis, der Anschluß Kretas an Griechenland. Wenn auch der erste Putschversuch Venizelos' nicht den erwünschten Erfolg brachte, gelang es ihm immerhin, Prinz Georg als Hochkommissar zu stürzen und an dessen Stelle einen neuen Statthalter für Kreta, den früheren griechischen Ministerpräsidenten Alexandros Zaimis, einzusetzen.

Drei Jahre später unternahm Venizelos einen erneuten Versuch und proklamierte den Anschluß Kretas an Griechenland. Seine umfassenden Pläne scheiterten allerdings; Venizelos verließ Kreta und begann eine politische Karriere auf dem griechischen Festland, wo er eine antiroyalistische, liberale Partei gründete und 1910 zum Ministerpräsidenten ernannt wurde. Seine Verdienste bestanden vor allem in der Durchsetzung bürgerlicher Reformen, die zusammen mit einer Verfassungsänderung den Grundstein für ein modernes griechisches Staatswesen legten. Die äußerst schlechte Wirtschaftslage und hohe Arbeitslosigkeit vor dem 1. Weltkrieg veranlaßte viele Griechen, auszuwandern und ihr Glück hauptsächlich in den Vereinigten Staaten von Amerika zu suchen. Indem den Kleinbauern im Rahmen einer Agrarreform Boden zugewiesen wurde, versuchte Venizelos das überaus harte Los der Landbevölkerung zu mildern. Er setzte auch weitere Reformen durch, wie die Gründung von Agrargenossenschaften, die Einführung der allgemeinen Schulpflicht und der allgemeinen Sozialversicherung, das Verbot der Sonntagsarbeit und die Legalisierung der Gewerkschaften. Auf außenpolitischem Gebiet versuchte Venizelos die Wiederherstellung Großgriechenlands u. a. durch die Rückeroberung kleinasiatischer Küstengebiete zu erwirken. Bis zum Vorabend des 1. Weltkrieges gelang es Griechenland, dank seiner Teilnahme an den beiden Balkankriegen (1912/13) sein Staatsgebiet – zum Großteil auf Kosten der Türkei – erheblich zu erweitern. Am 14. Mai 1913 schlug durch die Londoner Verträge auch Kretas langersehnte Stunde: Als Ergebnis der Balkankriege kam es zum Anschluß Kretas an Griechenland.

Grabmal des kretischen Politikers Eleftherios Venizelos auf dem Hügel Profitis Elias bei Chania. Seinem Engagement ist die Enosis, der Anschluß Kretas an Griechenland, zu verdanken.

Die sogenannte „megali idea" des Politikers Venizelos sollte sich jedoch in den darauffolgenden Jahren als verhängnisvoll erweisen. Der Traum der Militärs, Griechenland bis nach Kleinasien auszudehnen, scheiterte kläglich. Der griechisch-türkische Krieg von 1919–22 begann für die Griechen zunächst verheißungsvoll. Ihnen gelang es 1920 sogar, Izmir zu besetzen. Doch nachdem Venizelos die Wahlen verloren hatte, entzogen die Alliierten Griechenland ihre Unterstützung, was sich bald bemerkbar machen sollte.

1922 starteten die Türken unter Mustafa Kemal eine großangelegte Gegenoffensive, die mit der Rückeroberung Izmirs im September 1922 endete. Griechenland mußte eine furchtbare Niederlage erleben. Durch den Vertrag von Lausanne (1923) wurde das umstrittene Projekt eines gewaltigen Bevölkerungsaustausches vereinbart und auch durchgesetzt. Etwa 30 000 Türken mußten Kreta verlassen, an deren Stelle 20 000 Griechen aus dem kleinasiatischen Raum auf die Insel kamen. Aus dieser Zeit haben die vielen Ortsnamen auf Kreta, die mit „Nea" oder „Neo" beginnen, ihren Ursprung. Die griechischen Einwanderer gründeten ihre ehemaligen Dörfer und Städte sozusagen neu.

Der Ausbruch des 2. Weltkrieges brachte für Kreta weitere einschneidende Folgen. Am 28. November 1940 griff Italien von Albanien aus Griechenland an. Dies veranlaßte die bisher neutrale Republik dazu, sich endgültig den Alliierten anzuschließen und in den Weltkrieg einzutreten. Bereits einen Tag später landeten britische Truppen auf Kreta, um sich auf diesem strategisch günstigen Stützpunkt den Zugang zum östlichen Mittelmeer zu sichern. Die Insel war als Flugzeugbasis für militärische Einsätze geeignet, und die Souda-Bucht war idealer Versorgungshafen alliierter Truppen. Nach der Besetzung Griechenlands durch die deutsche Wehrmacht im April 1941 flohen der griechische König, die Regierung und Kontingente der griechischen Armee nach Kreta.

Als die deutsche Invasion einsetzte, waren bereits 28 000 britische, australische und neuseeländische und 10 000 griechische Soldaten auf Kreta stationiert. Wegen der starken alliierten Seestreitkräfte war den Deutschen eine Landung von See aus nicht möglich.

In den Morgenstunden des 20. Mai 1941 begann die bis dahin größte Luftlandeoperation der Geschichte. Die drei Flughäfen Maleme, Rethymnon und Iraklion waren das erste Ziel der deutschen Truppen. Trotz des gewaltigen Materialeinsatzes von über 1000 Flugzeugen dauerte es eine Woche, bis die Deutschen die Insel besetzen konnten. Die Verteidiger waren für die Invasion zwar nicht optimal ausgerüstet, konnten sich aber durch das Abhören des deutschen Funkverkehrs gut vorbereiten und fügten dadurch den Deutschen unerwartet hohe Verluste zu. Auch den Widerstand der Einheimischen hatten die Deutschen unterschätzt. Selbst Frauen, Greise und Kinder setzten sich mit Sicheln, Hacken, Forken und Steinen gegen ihre Feinde zur Wehr.

Die Verluste der Angreifer und der Verteidiger waren beträchtlich. Wer zwischen den ausgedehnten Gräberreihen auf den britischen und deutschen Soldatenfriedhöfen Kretas

Oben: *Deutscher Soldatenfriedhof bei Maleme.*
Unten: *Mahnmal in Ano Vianos.*

entlanggeht, dem werden der Schrecken und die Sinnlosigkeit des Krieges in aller Deutlichkeit bewußt: Von den 20 000 deutschen Soldaten fielen über ein Viertel, während auf alliierter und griechischer Seite etwa 15 000 Tote zu beklagen waren. Das Unternehmen „Merkur", wie die Luftlandeoperation von den Deutschen genannt wurde, forderte nicht nur zahlreiche Menschenleben auf beiden Seiten, letztendlich erwies es sich als militärisch wenig sinnvoll, denn Kreta spielte im weiteren Verlauf des Krieges keine bedeutende Rolle mehr. In seinen Memoiren schrieb der englische Premierminister Winston Churchill dazu: „Auf Kreta errang Göring lediglich einen Pyrrhussieg, denn die Streitkräfte, die dort aufgerieben wurden, hätten ihm ohne weiteres Zypern oder den Irak eingebracht."

Am 26. Mai 1941 mußten sich die britischen und griechischen Truppen an die Südküste zurückziehen. Der britischen Flotte gelang es noch, die Regierung und 16 500 Soldaten nach Ägypten zu evakuieren. Viele Kreter halfen den Flüchtenden, und wie so oft in der kretischen Geschichte waren es vor allem die Klöster, die bei den nachfolgenden Aktionen der Partisanen eine tragende Rolle spielten. Kreta stand ab Juni 1941 vollständig unter deutscher und italienischer Okkupation. Auf den allgegenwärtigen und entschlossenen Widerstand der Bevölkerung reagierten die deutschen Besatzer mit schweren Repressalien. Ihr Motto „Zehn Kreter für einen toten Deutschen" kostete unzähligen Unschuldigen das Leben. Als Vergeltungsmaßnahme für einen Partisanenüberfall wurde im Juni 1941 das Dorf Kandanos zerstört; im September 1943 wurden 440 Einwohner des Dorfes Ano Vianos und im August 1944 alle männlichen Bewohner von Anogia erschossen.

Auch auf Kreta machten die Deutschen nicht vor der Judenverfolgung Halt. Noch im Mai 1944 wurden mehrere hundert jüdische Bürger aus Chania deportiert. Während der deutschen Besatzungszeit wurden insgesamt 3474 Kreter hingerichtet und 40 Orte vollständig zerstört.

Während sich in der Nachkriegszeit die Exilregierung unter König Georg II., der 1947 nach Kreta zurückkehrte, in London reorganisierte, regte sich in Griechenland erneut Widerstand gegen die Monarchie. Der Bürgerkrieg von 1946 bis 1949 bedeutete eine neue und schwere Prüfung für die Bevölkerung. Auf Kreta kämpften kommunistische Rebellen gegen die Royalisten. Viele kommunistische Partisanen wurden von den griechischen Regierungstruppen hingerichtet; eine Amnestie der flüchtigen Widerstandskämpfer erfolgte erst 1975. Trotz aller Widerstände behielt die konstitutionelle Monarchie noch einige Jahre die Oberhand und wurde erst 1967 durch einen Putsch des Obristen Papadopoulos von einer Militärdiktatur abgelöst.

Das Scheitern des „Zypern-Abenteuers" im Juli 1974 und die dadurch bedingte internationale diplomatische Isolierung bewogen die Militärregierung, die Befehlsgewalt an eine Zivilregierung zu übertragen. Ministerpräsident wurde der konservative Politiker Konstantin Karamanlis. Bei der im Dezember 1974 durchgeführten Volksabstimmung über die künftige Staatsform als Republik oder Monarchie zeigte sich der Wille der Kreter nach Unabhängigkeit besonders deutlich: 91% der Kreter lehnten die Monarchie ab, im Gegensatz zu 70 % der Bevölkerung im übrigen Griechenland. Diese Einstellung bestimmte auch weiterhin die politische Landschaft: Obwohl Kreta lange Zeit um den Anschluß an Griechenland kämpfen mußte, fühlen sich bis zum heutigen Tag die Kreter in erster Linie als Kreter und danach erst als

Wahlplakate der Parteien ND und PASOK.
Die konservative Partei „Nea Demokratia" unter Konstantin Mitsotakis und die sozialistische Partei PASOK unter Kostas Simitis, dem Nachfolger des vor kurzem verstorbenen Regierungschefs und Parteivorsitzenden Andreas Papandreou, kämpfen heute um jede kretische Wählerstimme. Das Wahlverhalten der Kreter zeigt die Tendenz, jener Partei ihre Stimmen zu geben, die ihnen die größere Unabhängigkeit verspricht.

Griechen. Ablehnung staatlicher Bevormundung sowie die Sehnsucht nach Freiheit und sozialer Gerechtigkeit prägen bis heute die politische Einstellung der kretischen Wähler.

Bei den Parlamentswahlen vom Oktober 1981 schnitt die linksstehende PASOK unter Andreas Papandreou auf Kreta mit 60 % der Wählerstimmen gegenüber der konservativen Regierungspartei Nea Demokratia unter Karamanlis besser ab als im übrigen Griechenland. Der aus Kreta stammende und dort auch einflußreiche konservative Politiker Mitsotakis konnte sich gegen die PASOK nicht durchsetzen, hatte doch Papandreou den möglichen Austritt Griechenlands aus der NATO auf dem Wahlprogramm. Mit diesem Austritt wären die seit 1951 eingerichteten und von den Kretern nur widerwillig geduldeten NATO-Stützpunkte von der Insel verschwunden.

Der sicherste Weg zu einem Wahlerfolg auf Kreta ist bis heute die Verkündung jener Ideale, die mehr Unabhängigkeit versprechen. Zu verstehen ist diese Einstellung allein aus Kretas bewegter Vergangenheit, denn Kretas Geschichte war ein immerwährender Widerstandskampf gegen die von außen her eindringenden Eroberer und zugleich eine ständige Assimilation fremder Einflüsse in die eigene Kultur. Minoer, Mykener, Dorer, Römer, Sarazenen, byzantinische Einwanderer, Venezianer, Türken und zuletzt griechische Flüchtlinge aus Kleinasien haben ihre Spuren in den Gesichtern und Bräuchen der Menschen hinterlassen. Es ist zugleich der Widerspruch, der den kretischen Alltag seit Jahrhunderten prägte: einerseits die levantinische Nachgiebigkeit und Schlauheit, die oft als einzige ein Überleben im Kampf ums Dasein möglich machten; andererseits die Bereitschaft, sich aufzulehnen, zu kämpfen und gegebenenfalls sein Leben für die Ideale von Freiheit und Unabhängigkeit zu lassen.

LAND UND LEUTE

In der Mentalität der Kreter läßt sich eine ganz besondere Eigenheit erkennen: Der Wille, gegen jegliche Form von äußerem Zwang aufzubegehren. Attribute wie Stolz, Ehre und Tapferkeit gelten daher bis heute als erstrebenswert. Für Männer ist darüber hinaus Geschicklichkeit im Umgang mit Waffen ein Zeichen von Stärke – die Unbezähmbarkeit einer Region beispielsweise läßt sich nicht selten an der Größe und Zahl der Einschußlöcher in den Straßenschildern ablesen.

Landflucht und Urbanisierung schreiten in den letzten Jahrzehnten auf Kreta immer weiter fort, wofür neben dem wirtschaftlichen Wandel nicht zuletzt der zunehmende Fremdenverkehr verantwortlich ist. Dennoch haben sich bis heute besonders bei der ländlichen Bevölkerung traditionelle Wertvorstellungen gehalten. Auch wenn die jüngere Generation in den städtischen Zentren die engen Grenzen althergebrachter Sitten bisweilen unbeachtet läßt, so ist die kretische Gesellschaft insgesamt nach wie vor in ihren Traditionen verwurzelt.

Die Familie gilt als Garant für soziale Absicherung und finanziellen Rückhalt. Dem Staat begegnet man dagegen überwiegend mit Mißtrauen, eine Einstellung, die sich auch aus der Vergangenheit Kretas erklären läßt, als in der türkischen Verwaltung die Klientelwirtschaft besonders augeprägt war. Steuerhinterziehung zum Beispiel gilt allgemein als Kavaliersdelikt. Im Dorfleben hat soziale Kontrolle unter den Bewohnern häufig mehr Durchsetzungskraft als polizeiliche Überwachung von außen. Probleme regeln die impulsiven Kreter lieber untereinander, als sich staatlichen Instanzen anzuvertrauen. Angeblich soll es heute in abgelegenen Gegenden noch Fälle von Blutrache geben. Schon eine Ziege, die verbotenerweise im Garten des Nachbars grast, kann eine ernste Fehde zwischen zwei Familien auslösen.

Vornehmlich in ländlichen Gebieten werden bis heute durch Heiratsvermittlung gleichsam Politik im Kleinen betrieben und Ehepartner von den Eltern füreinander bestimmt. Nicht selten versöhnen sich auf diese Weise miteinander verfeindete Sippen. Im kretischen Alltag – und dies gilt gleichermaßen für den ganzen griechischen Kulturraum – spielen Verwandtschaftsverhältnisse eine bedeutende Rolle. Ein „Koubaros" ist weit mehr als ein Trauzeuge im westlichen Europa. Meist wird er, wenn die Eheleute Nachwuchs haben, auch zum Taufpaten des Kindes. Eine solche Patenschaft führt zu engen persönlichen Bindungen, die denen Blutsverwandter vergleichbar sind und lebenslang währen. Wer also auf Kreta Einfluß und Macht gewinnen will, der versucht, auch außerhalb der Familie möglichst viele solcher Patenschaftsverhältnisse einzugehen.

Beziehungen sind in allen Bereichen entscheidend, nicht zuletzt auf Ämtern und Behörden. Kaum jemand würde

Alter Kreter in Mirtos.

Links: *Verblüffende Ähnlichkeiten zeigt das Profil einer minoischen Prinzessin aus dem Zeit um 1600–1400 v. Chr. mit einer jungen Kreterin. Die sogenannte „Kleine Pariserin" ist auf dem berühmten Wandgemälde aus dem Palast von Knossos dargestellt. Auch wenn auf Kreta Kulturen in fortdauerndem Austausch standen und jede Einwanderungswelle ihre unverkennbaren Spuren hinterließ, entdeckt man in den Gesichtern der Einheimischen bisweilen auffallende Ähnlichkeiten mit den Menschen, die einem in Museen aus der kretischen Vergangenheit begegnen.*

sich allein auf einen bürokratischen Schriftwechsel verlassen; der Kontakt zum einflußreichen Entscheidungsträger dagegen bürgt für den Erfolg, sei es unmittelbar oder auf Empfehlung. Auch heute noch sind damit die Überreste der sogenannten Patronats- und Klientelverhältnisse zu spüren, die sich zu Zeiten der osmanischen Herrschaft auf Kreta einbürgerten.

Wer auf Kreta nicht nur Ferien und Freizeit genießen möchte, sondern nach heimischer Art Geschäfte zügig erledigen will, der kann angesichts der stoischen Ruhe kretischer Beamter bisweilen verzweifeln.

Wie in vielen anderen Mittelmeerländern begegnet der Besucher auch auf Kreta den Besonderheiten mediterranen Lebensstils. In der Hitze des Nachmittags wirkt alles wie ausgestorben, denn ähnlich wie in Spanien und Italien ist auf Kreta die Siesta üblich; lange Mittagspausen nach dem Essen sind normal und gearbeitet wird, vor allem im Sommer, in der Kühle der Morgen- und Abendstunden. Auch die Ladenöffnungszeiten orientieren sich an diesem klimaabhängigen Lebensrhythmus.

Nirgendwo sonst pulsiert das Leben so wie im traditionellen Kafenion, das vor allem im ländlichen Bereich Mittelpunkt des Dorfgeschehens ist.

Es ist weit mehr als ein Ort, an dem man einfach nur Kaffee trinkt. Bei Tsikoudhia, dem kretischen Schnaps, und einem Tavli-Spiel werden – ausschließlich von Männern – Fragen der regionalen wie auch der großen Politik erörtert, der neueste Dorfklatsch ausgetauscht und manches Geschäft abgeschlossen. Selbst der Dorfpope ist hier oft zu Gast.

Frauen trifft man in diesen traditionellen Kaffeehäusern äußerst selten an, und auch Touristinnen sind in dieser männlichen Domäne ungern gesehen. Die Frauen treffen sich am Dorfbrunnen, beim Einkaufen oder vor der Kirche. Für die moderne junge Kreterin ist die weitgehend klassische Rollenverteilung, wie sie insbesondere noch in den Dorfgemeinschaften herrscht, häufig ein Hindernis für ihre persönliche Entwicklung. Wenn auch seltener, werden immer noch junge Mädchen von ihren Eltern hinsichtlich ihrer Ausbildung benachteiligt. Trotz der vorwiegend männlich dominierten Gesellschaftsstrukturen ist zu beobachten, daß es die kretischen Frauen sind, die letztlich in ihren Familien das Sagen haben. Sie übernehmen nicht nur die Erziehung der Kinder, sondern verwalten häufig auch den Familienetat. Wegen der auf Kreta allgemein niedrigen Löhne sind es Frauen, die durch ihren Nebenverdienst den Lebensunterhalt der Familie mitzusichern helfen. Manchmal will es dem auswärtigen Betrachter scheinen, als gäbe es auf der Insel unter dem Mantel des Patriarchats eine Dominanz der Mütter, die das Zepter der Macht fest in den Händen halten.

Gastfreundschaft wird bei den Kretern großgeschrieben. „Philoxenia", die Liebe zu den Fremden, ist Tugend und Verpflichtung gleichermaßen. Aufschlußreich ist dafür schon der griechische Begriff „Xenos", der zugleich „Fremder" und „Gast" bedeutet. Die Herzlichkeit und Offenheit, mit der man Fremden begegnet, haben auf Kreta und im restlichen Griechenland einen völlig anderen Stellenwert, als man es in Deutschland gewohnt ist. Sie schaffen ein Netz sozialer Beziehungen, das weit über die Familie hinausreicht. Zugleich bedeutet es für die Kreter eine gute Möglichkeit, Verbindungen in alle Welt zu knüpfen.

Die Geschichte Kretas hält immer wieder Beispiele für die außergewöhnlich weitreichende Gastfreundschaft, menschliche Nähe und Hilfsbereitschaft der Einheimischen bereit. Die gleichen Bauern, die im 2. Weltkrieg deutsche Fallschirmjäger mit Hacken, Forken und Messern angriffen, nahmen verwundete feindliche Soldaten als persönliche Schutzbefohlene in ihre Häuser auf.

Linke Seite oben links: *Typischer Kiosk (Periptero) in Mirtos an der Südküste Kretas.*

Linke Seite oben rechts: *Alte Frau in Kritsa beim Häkeln einer Spitzendecke. Das Bergdorf ist für seine Häkelwaren berühmt.*

Linke Seite Mitte und unten: *Die kretische Männertracht mit dem schwarzen Kopftuch, den Schaftstiefeln und den weiten Hosen sieht man heute im Alltag fast nur noch bei den alten Kretern oder auf Folkloreveranstaltungen. Das um den Kopf geschlungene Tuch sollen algerische Piraten nach Kreta eingeführt haben. Auch die kretische Frauentracht wird ausschließlich an Festtagen getragen. Mit einem Tuch bindet heute nur noch die ältere Frauengeneration ihre Haare nach traditioneller Weise zusammen.*

Links: *Fischverkäufer in Chania*

Rechts: *Alte Frau unter schattigem Baum vor ihrem Haus.*

Im Töpferdorf Thrapsano und in Margarites werden in mühsamer Handarbeit noch die mannshohen Vorratskrüge hergestellt, welche den minoischen Pithoi entsprechen.
In den Dörfern Kretas sind Traditionen langlebiger als in den Städten. Solange die Alten noch da sind, wird man den Kreter auf dem Esel oder Muli, die Frau am Webstuhl oder beim Häkeln von Spitzendecken, den Löffelschnitzer, den Töpfer und die Männer im Kafenion nicht vermissen müssen. Es ist allerdings ungewiß, wie lange das kretische Landleben angesichts des zunehmenden Tourismus und der Abwanderung der jungen Generation in die umliegenden Städte noch so ursprünglich bleiben wird.

In den Wintermonaten beginnt die Olivenernte, für den kretischen Bauern die arbeitsreichste Zeit im Jahr. Große Plastikplanen werden unter den Bäumen ausgelegt.
Die Früchte, die nicht von selbst abfallen, werden noch wie in der Antike entweder in mühsamer Handarbeit mit langen Stöcken oder durch Schütteln der Äste heruntergeschlagen. Mittlerweile wird diese anstrengende Arbeit zum Teil durch kleine, motorgetriebene Rüttelmaschinen erleichtert. Seit den siebziger Jahren pflanzt man immer häufiger strauchförmig wachsende Olivenbäume an, die durch ihren kleineren Wuchs die Erntearbeit wesentlich vereinfachen.
Bei regelmäßiger Pflege kann ein Ölbaum mehrere hundert Jahre alt werden und jährlich bis zu 300 kg Oliven tragen.

Diese Seite: *Schon die Minoer haben vor mehr als 4000 Jahren auf Kreta Wein angebaut und gekeltert, wie durch archäologische Funde in der Gegend von Knossos nachgewiesen wurde. Und auch heute kommt dem Wein auf Kreta große Bedeutung zu, davon zeugen die etwa 900 000 ha Weinberge auf der Insel. Fast jeder Bauer hat seinen eigenen kleinen Weinberg, aus dem er seinen Hauswein keltert. Wer also auf Kreta die Möglichkeit hat, an der Weinlese teilzunehmen, sollte sich das Familienereignis und die Weinfeste nicht entgehen lassen. In großem Stil wird Wein in der Umgebung von Iraklion angebaut. Hier befindet sich Griechenlands größtes zusammenhängendes Weinanbaugebiet.*

Rechts: *Orangen, Mandarinen und Zitronen, die auf künstliche Bewässerung angewiesen sind, werden hauptsächlich im fruchtbaren Hinterland von Chania angebaut. Viele Orte besitzen eine eigene Limonadenfabrik mit jeweiligem Spezialrezept.*

Intensive landwirtschaftliche Nutzung der gerodeten Flächen und vor allem die Haltung von Schaf- und Ziegenherden in weniger fruchtbaren Regionen führen dazu, daß die Erosion ungehindert fortschreitet. Mittlerweile wächst aber auch auf Kreta das Bewußtsein um die Bedeutung des Waldes für den Wasserhaushalt und für die Bodenfruchtbarkeit. Durch Wiederaufforstung wird versucht, die negative Entwicklung aufzuhalten.

Es kam sogar vor, daß man sie gesund pflegte und dann auf Schleichwegen zu ihren Truppen zurückbrachte.

Viele Urlauber nehmen auch heute die sprichwörtliche Gastfreundschaft der Kreter gerne in Anspruch. Wenn Raki und Süßigkeiten gereicht werden, sind sie begeistert von der Art und Weise, wie sie empfangen werden, und das Urlaubserlebnis ist perfekt. Wer diese freundliche Einladung in Anspruch nimmt, sollte als Gast seine eigenen Verpflichtungen nicht vergessen und bei nächster Gelegenheit ebenfalls ein angemessenes Gegengeschenk machen, was eine nicht immer einfache Aufgabe ist.

Das nach kretischen Maßstäben anstößige Benehmen vieler Urlauber hat nämlich dazu geführt, daß viele Kreter die Touristen kurzerhand nicht mehr als Gäste betrachten. Während sich die Einheimischen dem Fremden gegenüber stets zur Gastfreundlichkeit verpflichtet fühlen, fällt der übliche Tourist aus dem Höflichkeitsrahmen heraus. Die Folge ist, daß man sich insgeheim über den „touristas“ lustig machen und ihm das Geld aus der Tasche ziehen darf.

Trotz aller Naturschönheiten und seiner freundlichen Bewohner ist Kreta, der kleine Kontinent zwischen drei Erdteilen, keine ungetrübte Idylle. Man wird der Insel nicht gerecht, wenn man auf ihr ausschließlich Heiterkeit, Unbeschwertheit und Sorglosigkeit zu entdecken glaubt und für die Menschen wie die Wirklichkeit nur einen verklärten Blick übrig hat. Auf Kreta ist die Realität nicht nur Postkartenidylle, vor allem nicht, wenn es sich beispielsweise um das geschäftige Iraklion handelt. Henry Miller nannte Iraklion einst „die häßlichste Stadt Europas“. Jährlich schlägt sie neue Schneisen stereotyper Betonarchitektur in die sie umgebenden Olivenhaine und Weingärten. Hotels und Ferienappartements füllen ehemals abgelegene romantische Buchten. Der Tourismus ist in den letzten zwanzig Jahren neben der Landwirtschaft zur zweiten Haupteinnahmequelle der Insel geworden. Strom- und Wasserversorgung und die Müllbeseitigung werden zu einem immer größeren ökologischen Problem. Für die meisten Mißstände machen die Kreter allerdings die Zentralverwaltung in Athen verantwortlich.

Den Behörden in der Hauptstadt Athen Widerstand zu leisten, wenn man sich ungerecht behandelt fühlt, ist auch ein Teil der kretischen Einstellung gegenüber der Obrigkeit. So etwa entbrennt alljährlich der Kampf um die begehrten EG-Subventionen – nicht selten auf ganz „kretische“ Art, wie wir am eigenen Leib erfahren konnten: 1994 landeten wir an einem Märzmorgen mit der Fähre aus Athen in Chania und erfuhren mit Entsetzen, daß die Stadt vom Rest der Insel abgeschnitten sei. Aufgebrachte Olivenbauern, denen die Zentralregierung die Subventionen für Öl gekürzt hatte, versperrten sämtliche Zufahrtsstraßen. Man warnte uns, daß die Kreter bewaffnet seien. Trotzdem versuchten wir, einen Weg durch die Berge in den Westen zu finden. Plötzlich standen wir einem Haufen brennender Autoreifen, quergestellter Laster und einer Gruppe finsterer Gestalten mit Gewehren und rußgeschwärzten Gesichtern gegenüber. Glücklicherweise gewann angesichts unserer eingeschüchterten Blicke die persönliche Sympathie der Aufständischen uns gegenüber die Oberhand. Schließlich waren wir doch Gäste! Am Ende ließ man uns zwar nicht direkt passieren, erklärte uns aber ausführlich, wie wir die Straßensperren auf Feldwegen am leichtesten umfahren könnten.

In diesem Moment wurde es uns einmal mehr deutlich: Kreta ist eben ganz anders!

Oben: *Durchschossenes Ortsschild Anopolis.*
Unten: *ANEK-Fähre.*

Sonnenuntergang bei Sfinari.

CHRONOLOGIE

5000–2600 v. Chr. *(Neolithikum)*: Erste Spuren menschlicher Siedlungen auf Kreta. In Knossos und Phaistos Funde der ältesten Töpferware der Insel.

Ab 2600 v. Chr. schaffen Einwanderer aus Kleinasien, die mit den Bewohnern Kretas verschmelzen, eine eigenständige Kultur. Davon zeugen Kultgegenstände, Keramiken und Rundgräber aus dieser Zeit. Seehandel mit Ägypten, Kleinasien und Mesopotamien. Einführung von Kupfer und Bronze.
Am Ende der sogenannten *Vorpalastzeit* (2600–2000 v. Chr.) entwickelt sich eine primitive Hieroglyphenschrift, die von den Minoern auf Siegeln verwendet wird.

Um 2000–1700 v. Chr. *(Ältere Palastzeit)* entstehen die ersten großen Paläste in Knossos, Phaistos, Malia und Zakros. Sie belegen die hochentwickelte Kunst und Machtstruktur der Minoer.
Die Vormachtstellung der Minoer im östlichen Mittelmeer ist gesichert, wie die unbefestigten Palastanlagen zeigen.
1700 v. Chr. werden alle Paläste durch eine Katastrophe – vermutlich im Verlauf eines Erdbebens – zerstört.

In der *Zeit der neuen Paläste* (um 1700–1450 v. Chr.), der glanzvollsten Epoche Kretas, errichten die Minoer auf den Fundamenten der zerstörten Palastanlagen prächtigere und mit Kulträumen versehene Paläste. Laut Homer sollen zu dieser Zeit auf der Insel 90 Städte existiert haben. Zentrum ist Knossos. Es findet ein wirtschaftlicher und kultureller Aufschwung statt. In der Kunst bilden sich in der Wandmalerei zwei neue Schmuckstile heraus: Der naturalistische Flora-Stil und der Meeres-Stil. Auch in der Kleinplastik erreicht die minoische Kunst einen hohen künstlerischen Rang.
Die Hieroglyphenschrift wird zur Silbenschrift weiterentwickelt (Linear A-Schrift) und nun auch außerhalb von Siegeln verwendet.
Mykene und das restliche angrenzende Griechenland werden nachweislich von der kretischen Kultur beeinflußt.

Um 1450 v. Chr. bereitet eine gewaltige Katastrophe dem blühenden Reich der Minoer, der ersten europäischen Hochkultur, ein schlagartiges Ende. Alle Städte und Paläste auf Kreta werden zerstört. Die Ursache dieses Untergangs ist umstritten: Einige Forscher vermuten, daß ein tektonisches Beben und dadurch entfachte Brände die minoische Kultur ausgelöscht haben. Überwiegend wird jedoch die Ansicht vertreten, daß die Invasion der Mykener oder andere Feinde den plötzlichen Niedergang herbeigeführt haben.
Der Palast von Knossos wird um 1375 v. Chr. wiederaufgebaut, verliert aber schon wenige Jahre später seine Bedeutung. Mykenische Eroberer vom griechischen Festland herrschen in der *Nachpalastzeit* (1400–1100 v. Chr.) auf Kreta. Der mykenische Einfluß auf die minoische Kultur wächst: Megaronbauten entstehen in Agia Triada, Tylissos und Gournia. Die Linear B-Schrift, deren zugehörige Sprache ein vorhomerisches Griechisch war, ist mykenischen Ursprungs. Zeugnisse dieser Schrift fand der britische Archäologe Evans auf zahlreichen Tontafeln im Palast von Knossos.
Die Zerstörungen durch verschiedene Seevölker in der *Nachpalastzeit* führen zum endgültigen Untergang der letzten Reste minoischer und mykenisch beeinflußter Kultur auf Kreta. Der Kampf um Troja wird in diese Zeit datiert.

Um 1100 v. Chr. *Invasion der Dorer*, einem südlich vom Donaubecken stammenden kriegerischen Volk. Die Minoer, die sich Eteokreter („echte Kreter") nennen, ziehen sich in den unwegsamen Osten Kretas zurück und errichten dort neue Städte.
Die Dorer gründen zahlreiche Stadtstaaten und bauen an der Küste stark befestigte Burgen. Ihren Bürgern räumen sie in schriftlich fixierten Gesetzen gewisse Freiheitsrechte ein (Rechtsinschrift von Gortyn). Das Eisen verdrängt die Bronze und dient zur Herstellung von überlegeneren Waffen.
Kreta gleicht sich in Religion, Kunst und Kultur (Sprache, Schrift) Griechenland an.
Im 9. Jahrhundert v. Chr. entstehen in Griechenland die homerischen Dichtungen, welche die historischen Ereignisse der minoischen Epoche in ein mythisches Licht zu Gunsten der griechischen Eroberer rücken.

Um 480 v. Chr.–395 n. Chr.: *Klassische und Römische Epoche*
Mit dem Aufstieg Athens wird Kreta in eine politisch-kulturelle Randlage abgedrängt. 67 v. Chr. erobern die Römer die Insel. Gortyn wird Hauptstadt der römischen Provinz Kreta-Kyrene. Die Römer fördern die Landwirtschaft und die Kultur: Sie bauen Straßen und Wasserleitungen, Tempelanlagen und Theater.
Nach dem Aufenthalt des Apostels Paulus (59 v. Chr.), dessen Begleiter Titus zum ersten Bischof der Insel ernannt wird, breitet sich das Christentum auf Kreta rasch aus.

337–826 n. Chr.: *1. Byzantinische Epoche*
Noch vor der Teilung des Römischen Reiches in West- und Ostrom besetzen die Byzantiner Kreta. Nach der endgültigen Reichsteilung (395 n. Chr.) gehört Kreta zum Oströmischen Reich. Die Byzantiner errichten zahlreiche Kirchen auf der Insel, wie z.B. im 6. Jahrhundert die Kuppelbasilika des hl. Titus von Gortyn.

Erst 826 wird Kreta durch die *Invasion der Araber* von neuen Unruhen erschüttert. Über 130 Jahre lang unterdrücken die arabischen Besatzer die christliche Bevölkerung. Sämtliche frühchristlichen Bauten werden zerstört.
Die Araber benutzen die Insel als Ausgangspunkt für ihre Beutezüge in der Ägäis und gründen unter Emir Omar an der Nordküste eine neue, gutbefestigte Hauptstadt mit dem Namen Rabd el Chandak, dem heutigen Iraklion.

961–1204: *2. Byzantinische Epoche*
Erst unter dem Feldherrn Nikephoros Phokas, dem späteren byzantinischen Kaiser, gelingt es den Byzantinern, Kreta zurückzuerobern. Nach der Wiedereinführung des Christentums kommt es unter den Komnenen-Kaisern (1057–1185) zu einer wirtschaftlichen und kulturellen Neubelebung, die ihren künstlerischen Ausdruck vor allem in der Sakralarchitektur und der Freskenmalerei erfährt.

1204–1669: *Venezianische Epoche*
Nach der Eroberung Konstantinopels im Verlauf des 4. Kreuzzuges (1204) wird das Byzantinische Reich unter den Kreuzrittern aufgeteilt. Kreta fällt an den Markgrafen von Monferrat. Die Venezianer erwerben noch im gleichen Jahr durch einen Kaufvertrag die Insel.
Das Erscheinungsbild Kretas wird von den Venezianern den politisch-wirtschaftlichen und künstlerischen Vorbildern im eigenen Land angeglichen.

Die Insel und ihre Hauptstadt Chandax erhalten unter der *Serenissima Repubblica* den Namen Candia.
Trotz des wirtschaftlichen und kulturellen Aufschwungs führt das willkürliche Rechtssystem der venezianischen Besatzer bis ins späte 15. Jahrhundert immer wieder zu Aufständen der einheimischen Bevölkerung, die neben harten Frondiensten auch drückende Steuerabgaben leisten muß.
Nach dem Fall Konstantinopels (1453) flüchten byzantinische Künstler und Intellektuelle nach Kreta. Dadurch kommt es vor allem in der Sakralkunst unter dem Einfluß der italienischen Malerei zu einer neuen Blütezeit, der sogenannten Kretischen Renaissance. Die Universität von Candia und die Klosterschule von Agia Ekaterini erlangen weit über die Grenzen der Insel hinaus Berühmtheit. Prächtige Stadthäuser, Kirchen, Brunnen und Verteidigungsanlagen werden gebaut.

1669–1898: *Türkische Epoche*
Nach 21jähriger Belagerungszeit erobern die Türken die Hauptstadt Candia und erreichen die Vorherrschaft auf Kreta. Die rigide Zwangsislamisierung, hohe Steuerlasten und Willkürjustiz rufen heftigen Widerstand in der einheimischen Bevölkerung hervor, der sich in blutigen Aufständen entlädt und von der griechisch-orthodoxen Kirche unterstützt wird. Als im 19. Jahrhundert Griechenland die Unabhängigkeit erlangt, kämpfen die Kreter um den Anschluß an Griechenland (Enosis). Höhepunkt der Auseinandersetzungen ist die erschütternde Tragödie um das Kloster Arkadi von 1866, die den kretischen Widerstandskampf in den Blickpunkt der Weltöffentlichkeit rückt und die Großmächte zum Eingreifen veranlaßt.

Nach erneuten Aufständen erzwingen die Großmächte 1898 eine begrenzte Selbstverwaltung Kretas unter der Regierung Prinz Georgs I. von Griechenland, der als Hochkommisar eingesetzt wird.

1900 beginnt der britische Archäologe Arthur Evans mit den Ausgrabungen in Knossos und entdeckt die untergegangene Zivilisation der Minoer.

Bis 1913 steht die Insel unter dem Protektorat der vier Schutzmächte Italien, Großbritannien, Rußland und Frankreich. Die Kreter fordern weiterhin den Anschluß an Griechenland, erreichen ihr Ziel aber erst durch den kretischen Justizminister und später griechischen Premierminister Eleftherios Venizelos, der sich an die Spitze der Unabhängigkeitsbewegung stellt. Nach den Balkankriegen verliert die Türkei fast alle Gebiete auf dem Balkan. Durch die Londoner Verträge fällt Kreta nun offiziell an Griechenland.

Venizelos' Versuch, Griechenland bis nach Kleinasien auszudehnen und Istanbul zu erobern, führt zur *Kleinasiatischen Katastrophe* (1919–1922). Nach der Niederlage gegen die Türken wird 1923 nach dem Frieden von Lausanne ein umfassender Bevölkerungsaustausch realisiert: Ein Teil der griechischen Bevölkerung aus Kleinasien wird auf Kreta angesiedelt, während 30 000 Türken die Insel verlassen müssen.

Während des 2. Weltkrieges beginnt 1941 der Angriff deutscher Luftstreitkräfte auf Kreta. Trotz des erbitterten Widerstandes der einheimischen Bevölkerung und der Alliierten gelingt es den deutschen Truppen nach schwersten Bombardierungen innerhalb weniger Tage, die Insel einzunehmen.
Kretische Partisanenaktionen werden von dem deutschen Wehrmachtskommando mit brutalen Vergeltungsmaßnahmen an der Zivilbevölkerung beantwortet. Trotz allem bleibt die Insel das Zentrum des griechischen Widerstandes.

Während des Rückzugs der deutschen Truppen im Jahr 1944/45 bricht der *Griechische Bürgerkrieg* aus. Die Alliierten unterstützen in der fünf Jahre dauernden Auseinandersetzung die nationalen, für die Monarchie kämpfenden Partisanen. Zahlreiche Mitglieder des kommunistischen Widerstands werden hingerichtet.
Eine Amnestie der letzten Partisanenkämpfer, die sich in der Sfakia auf Kreta versteckt hatten, erfolgt erst 1975 durch den Ministerpräsidenten Karamanlis.

Griechenland tritt 1951 in die NATO ein, und die 6. US-Flotte wird auf Kreta stationiert.

1971 wird Iraklion unter der griechischen *Militärdiktatur* (1967-1974) Hauptstadt von Kreta und löst damit Chania ab. Aufgrund der *Zypern-Krise* kommt es 1974 zum Sturz der Militärdiktatur.

Bei dem Volksentscheid über die Regierungsform stimmt 1974 die Mehrheit der Kreter für die Demokratie. Griechenland wird 1975 Republik.

1981 tritt Griechenland der EG bei. Die sozialistische PASOK siegt bei den Wahlen und Andreas Papandreou wird Ministerpräsident. Kreta entwickelt sich zu einer der wohlhabendsten Provinzen Griechenlands. Wirtschaftliche Haupteinnahmequelle ist der Tourismus.

Mit dem Ministerpräsidenten Konstantin Mitsotakis gelangt 1990 die konservative Partei Nea Demokratia an die Regierung. Da jedoch während seiner Amtszeit die amerikanischen Militärstützpunkte auf Kreta bleiben und ein strenge Sparpolitik durchgeführt wird, verliert Mitsotakis bald an Unterstützung.
Nach vorgezogenen Wahlen wird Papandreou drei Jahre später erneut Ministerpräsident.
Kostas Simitis wird 1996 sein Nachfolger.

REGISTER

BIBLIOGRAPHIE

G. Anemogiannis, *Nikos Kazantzakis. Ein Weg zur Ewigkeit*, München 1988

T. Balestier, *Der Diskos von Phaistos. Zur Geschichte eines Rätsels und den Versuchen einer Auflösung*, Mähringen 1998

ders., *Kretische Raki-Raki-Kultur. Kreta und sein Nationalgetränk. Eine Einführung*, Mähringen 1999

P. Bamm, *An den Küsten des Lichts*, München 1969

M. Borboudakis, *Panaghia Kera*, Athen 1957

Belser Stilgeschichte (Studienausgabe), *Architektur, Skulptur, Malerei und Graphik im Altertum, Mittelalter und der Neuzeit*, hg. C. Wetzel, Stuttgart 1999

M. Bissinger, *Kreta. Byzantinische Wandmalerei*, München 1995

Rolf Edberg, *Und sie segelten weiter. Die Odyssee der Europäer: Von Homer zu Einstein, von Kreta nach Los Alamos*, Stuttgart 1988

P. Faure, *Kreta. Das Leben im Reich des Minos*, Stuttgart 1983

J. Gaitinides, *Das Inselmeer der Griechen. Kreta – Rhodos – Zypern*, 1983

P. Guinard, *El Greco*, Genf 1956

E. Kästner, *Kreta. Aufzeichnungen aus dem Jahre 1943*, Frankfurt 1975

E. Kirsten, *Das dorische Kreta*, Chicago 1942

A. Kofu, *Kreta. Sämtliche Museen und archäologischen Stätten*, Freiburg i. Br. 1990

D. MacNeil Doren, *Wind auf Kreta*, Athen 1983

A. Makridakis, *Bekanntschaft mit Kreta*, in: Verein der Kreter in Montreal, 1972/73

A. Michailidou, *Knossos. Ein Führer durch den Palast des Minos*, Athen 1991

B. Otto, *König Minos und sein Volk. Das Leben im alten Kreta*, Düsseldorf / Zürich 1997

Der kleine Pauly, *Lexikon der Antike*, hg. K. Ziegler / W. Sontheimer, Bd. 1–5, München 1979

N. Psilakis, *Klöster und Zeugnisse byzantinischer Zeit auf Kreta*, Athen 1994

J.A. Sakellarakis, *Heraklion. Das archäologische Museum. Ein Bildführer*, Athen 1991

A. Sanduakis, *Kapitän Manolis Panduwas. Der Anführer des nationalen Widerstands in Kreta. Seine Erinnerungen an den Kampf*, Athen 1984

F. Schachermeyer, *Ägäis und Orient*, Graz / Wien / Köln 1967

ders., *Die minoische Kultur des alten Kreta*, Stuttgart / Berlin / Köln 1979

V. Vuidaskis, *Tradition und sozialer Wandel auf Kreta*, in: *Studia ethnologica*, Bd. 9, Heidelberg 1993

M. von Xylander, *Die deutsche Besatzungsherrschaft auf Kreta 1941–1945*, Freiburg i. Br. 1989

H.G. Wunderlich, *Wohin der Stier Europa trug*, Hamburg 1979

Literatur:

Homer, *Ilias*, hg. Roland Hampe, Stuttgart 1979

ders., *Odyssee*, hg. Roland Hampe, Stuttgart 1979

N. Kazantzakis, *Alexis Sorbas*, (Erstausgabe 1946), Hamburg 1998

ders., *Freiheit oder Tod*, (Erstausgabe 1950) Berlin 1991

ders., *Die letzte Versuchung*, (Erstausgabe 1950) Hamburg 1984

ders., *Im Zauber der griechischen Landschaft*, (posthum) München 1988

Z.G. Mathioudakis, *Unter der Plantane von Gortyna. Kretische Prosa und Lyrik*, Weissach 1992

H. Miller, *Der Koloß von Maroussi*, (Erstausgabe 1940) Hamburg 1968

BILDNACHWEIS

Archiv für Kunst und Geschichte, Berlin, S. 11, 43, 106 oben

Ikonen-Museum, Recklinghausen, S. 94

Balos
Kissamos
Chania
Gouverneto
Agia Triada
Falassarna
Souda
Polirrinia
Agia Sofia
Chrisos-
kalitissa
Rethimnon
Omalos
Pachnes
Samaria-
Schlucht
Arkadi
Aradena
Sougia
Spili
Chora
Sfakion
Frango-
kastello
Preveli
Psiloritis
Ag. Triada
Matala